初等教育における
「国語」の理解と指導

白井伊津子
Shirai Itsuko

JN120099

清文堂

はじめに

　本書は、小学校教員を目指す学生や着任して間もない先生方が、初等教育の「国語」の指導にあたって、「国語」を日本語という一言語として体系的に理解するとともに、学習指導要領に沿って系統的に国語教育を実践するための方法を学ぶためのものとして執筆しています。公刊されている関連書籍の多くは、日本語の理解を促すか、学習指導要領の把握ないし具体的な教授法のいずれかを主とするものが大半です。小学校の教育現場に携わった経験のない著者が、まがいなりにも教職課程の学生の指導に従事する中で、日本語および日本語表現の理解を基盤としつつ、その理解と指導とを有機的に関連づけた書物の必要性を強く感じました。

　折しも、平成29年3月の学習指導要領の改定によって、「国語」の内容の構成も変更され、3領域「話すこと・聞くこと」「書くこと」「読むこと」と「伝統的な言語文化と国語の特質」から、〔知識及び技能〕と〔思考力・判断力・表現力等〕を軸とするものになりました。国語の「見方・考え方」を具体的な言語活動に生かすという、基盤となる知識・技能と、思考、判断、表現の場面における運用との関連がより明確にされたことは、たいへん意義のあることだと考えます。だからこそ、指導する教師においても、国語の「見方・考え方」の基本を身につけ、それが言語活動とどのように照応するのか、さらにいえば、言語活動を豊かにしていくことに経絡するのか、把握しておくことが望まれるでしょう。

　「国語」の体系的な理解と、その理解に基づく指導のあり方という観点から、具体的かつ網羅的に述べていくことに努めました。その狙いが十分に果たせていないのは、ひとえに筆者の力不足によりますが、国語の基礎的な理解と指導の一助となれば幸いです。

　2023年1月

白井伊津子

目　次

初等教育における
「国語」の理解と指導

Ⅰ. 国語指導のための観点

Ⅰ−１. 国語と日本語

　「国語」と「日本語」と聞いて、どちらも同じではないかと思う人がほとんどではないでしょうか。このテキストの名称も「国語」とありますし、小学校から学習してきた科目も「国語」でした。そして、実際、教科「国語」で学んできたのは、「日本語」です。しかし、「日本語」というと、英語、中国語のように、まるで外国語を取り上げているかのように感じませんか。

　もともとの、「国語」という語は、

　　　　　　国語　＝　national language　＝　国家の言語、国民の言語

であって、その国で広く用いられる公用語をさします。「国語」の内容が「日本語」だというのは、日本語が日本人の言語だからです。もしも、フランスに住んで、「国語」という科目を学ぶとしたらそれはフランス語、というわけです。そうは言っても、最近は「日本語教師」という職業があって、その場合は「国語の教師」とはちょっと立場が異なります。「日本語教師」は、外国人へ、日本語を教える人のことを指しているからです。つまり、客観的、相対的な視点が求められる場合に、「国語」ではなく、「日本語」を使用する傾向にあると言えるでしょう。

Ⅰ−２. 国語教育と国語科教育

　「国語教育」と「国語科教育」も、似たようなことばです。ふたつを見比べると、「科」があるかないかという違いのようです。「科」は教科の「科」ですから、「国語科教育」といった場合には、学校の国語科を中心に行われる指導のことをさします。もうひとつの「国語教育」は、時と場の限定がありません。就学以前から、卒業後を含めてという幅広い年代、そして家庭、地域などの広い社会生活の場において、さまざまな場面での国語の学びをさします。生涯を通して、いつでもどこでもというわけです。赤ちゃんにむけて周りの大人がいろいろと話しかけますね。これも国語教育の第一歩です。テレビで、「〇朝〇夕」「△番煎じ」「■里霧中」の、〇＋〇＋△＋■ではいくつになりますか？　というような出題をするクイズ番組を観た

> **発展**
> 「国語」の教科の名称が公教育で使われたのは明治５（1872）年の「文部省布達文書」が、最初です。平成29年の学習指導要領では、言語能力（日本語・英語）の向上という点から、国語を日本語指導として捉えることによる波及効果が期待されています。（参考：秋田喜代美・斎藤兆史・藤江康彦編『メタ言語　能力を育てる文法授業』2019など）

ことがあるでしょう。これも、広い意味での教養としての国語教育のひとつです。国語の学習という意識をもつことは少ないでしょう。ちなみに答えは「9」です。なぜ

なのかはわかりますね。

　生涯を通じて、わたしたちは国語を学んでいます。それなら、学校で特別に国語を勉強しなくてもよいのでは、と思うかもしれません。ですが、学校での学びは、体系的なもので、発達段階に応じて積み上げていくことが目指されています。そして、学校の中では、「国語」以外の科目も学びます。社会科で発表したり、算数の文章問題を解いたり、理科で観察記録を書いたり、あげればキリがありませんが、「国語」（国語科教育）で体系的に学んだことを踏まえて、こうした活動が行われるように配慮する必要があります。

１－３．言語と言語活動

　どのようなものが、国語科（言葉）教育の内容になるのかということを確認する前に知っておいてほしいことがあります。前節に、学校では、国語を体系的に学んでいると書きましたが、まずは、その体系の基礎になる、言語についての捉え方です。

　国語（日本語）は、英語、フランス語、ドイツ語などと等しく、言語といわれるものの一つです。現代における言語研究は、フェルディナン・ド・ソシュール（Ferdinand de Saussure 1857-1913）の講義内容を再編集した『一般言語学講義』を出発点としています。ソシュールの示した理論においてとくに大事な点は、二つあります。次の①と②です。

　　①　　ランガージュ（言語活動、langage）＝
　　　　　ラング（体系的な言語、langue）
　　　　　パロール（個人が個別の場で使用する言、parole）

　私たちは言語を使って、話したり聞いたり、書いたり読んだりしていますね。このような言語を使う活動を「言語活動」と言います。その「言語活動」もさまざまです。どういう意味でさまざまなのでしょう。ソシュールは人のことばの総体である言語活動を「ラング」と「パロール」に分けました。社会集団において言語活動を組織したり、言語活動を行うのに必要となる価値をもった体系が「ラング」。対して、個人による言語表現が「パロール」です。「パロール」は「ラング」によって規制されるものですが、同時に新たな「ラング」を生む契機ともなるもので、相互依存的な関係にあるといえます。たとえば、みなさんが使う SNS 上のメッセージに、たった一文字「り」と書いてあったとしても、それが「了解」の意味だと、若者の間ではまさしく「り！」のことがらです。「り」が日本社会全体で通用しており、ゆるぎないものであれば、「ラング」すなわち体系的な言語に位置づけられる可能性はおおいにあ

るでしょう。しかし、一回的であったり、限られた場でしか通用しなければ、「パロール」ということになります。

　私たちが体系的に学ぶべき日本語は、日本社会でほぼ共通の理解の得られる「ラング」ということです。しかし、実際は、限られた範囲において通用する決まりを持っていたり、誤用だとは思わないで使っていたりという個人的な使用に留まる場合（パロール）もあるのです。

　②　言語はひとつの記号

　　シーニュ（記号）＝

　　　　シニフィアン（能記、記号表現）

　　　　シニフィエ（所記、記号内容）

　授業の時に「フデバコみせてください」と言うと、前に座っている人が、机の上の筆箱をみせてくれます。プラスチック製でシールも貼ってます。隣に座っている人は、布製でネコの形になったものを出してくれます。見た目はかなり違いますが、どちらも筆箱だそうです。なぜなら、どちらも、その中に、シャーペンやらボールペンやら蛍光ペンやらを入れて持ち運ぶために使っており、そういうものを「フデバコ」と呼ぶと決めているからです。教室に50人いたら、50通りの筆箱があります。でも、どれも「フデバコ」です。「フ・デ・バ・コ」という音の羅列が、自分の使っている、このネコちゃん型の袋であって、同時に「筆箱」という一般名称で理解されるものであることが了解されているのです。

音の羅列として「フ・デ・バ・コ」をあげましたが、耳で聞いて理解していく言語を「音声言語」といいます。「フ・デ・バ・コ」を「筆箱」と書くと、みなさんは「なるほどペンケースの事ね」と、目で見て理解します。これを「文字言語」といいます。言語を使ったコミュニケーションが成り立つのは、話し手（書き手）と聞き手（読み手）との間で「音声言語」「文字言語」がやりとりされ、その言語に同じ概念を当てはめることができているからです。言語は概念そのものではなく、概念を伝えるための記号なのです。

1-4. 国語（日本語）を捉える観点

　音声言語、文字言語を使って行う私たちの活動と、その時にどのような能力を用いているのかについて図示しました。これを「二対四面の言語活動」と言います。言語活動を行う時の媒材、つまり道具として用いるのが、音声言語と文字言語ということ

言語活動
二対四面の言語活動

媒材　領域　能力

音声言語 ── 聞く / 話す ── 理解

文字言語 ── 読む / 書く ── 表現

小学校学習指導要領における
教科（国語）の構造

言葉による見方・考え方　　言語活動

知識及び技能　⟷　思考力、判断力、表現力等

・言葉の特徴や使い方
・我が国の言語文化

A 話すこと・聞くこと
B 書くこと
C 読むこと

ですが、音声言語を主に用いるのが、「聞く」「話す」という活動領域で、「文字言語」を主に用いるのが、「読む」「書く」という活動領域です。そして、「聞く」「読む」という活動において主に働かせるのが、「理解」の能力で、「話す」「書く」という活動領域で主に働かせるのが「表現」の能力というわけです。中央の四つの領域をはさんで、左右の二つが交叉した関係になっています。実は、これが、小学校国語の学習体系に大きく関わります。

　教科の「国語」がどのように構造的に捉えられているのかみてみましょう。「小学校学習指導要領　国語」（H29.3）の「第1目標」に、「言葉による見方・考え方を働かせ、言語活動を通して、国語で正確に理解し適切に表現する資質・能力を次のとおり育成することを目指す。」とあります。「言葉による見方・考え方」とは、「言葉の特徴や使い方」のことであり、「わが国の言語文化」にも深く関わる事柄です。それを働かせていく言語活動の具体が、「A　話すこと・聞くこと」「B　書くこと」「C　読むこと」という3領域になります。そこで伸ばしていくのが、「正確に理解し適切に表現する資質・能力」なのです。国語という言語に関わる"ものの教育"つまり、「知識及び技能」を、"ことの教育"である「言語活動」という運用場面においてしっかりとかみ合わせながら学ぶ必要があることを示しています。

　では、その「知識及び技能」とはどういうものなのでしょうか。一つ目の「言葉の特徴や使い方」とは、「言葉の働き」、「話し言葉と書き言葉」、「漢字」、「語彙」、「文や文章」、「言葉遣い」、「表現の技法」、「音読、朗読」に関する内容です。「我が国の言語文化に関する事項」とは、歴史とともに育まれてきた「伝統的な言語文化」、「言葉の由来や変化」、「書写」、「読書」に関する内容です。

　「幼稚園教育要領」（H29.3）の「言葉」の目標には、「経験したことや考えたことなどを自分なりの言葉で表現し、相手の話す言葉を聞こうとする意欲や態度を育て、言葉に対する感覚や言葉で表現する力を養う。」とあり、幼稚園では、まずは表現す

る力を養うことに力点が置かれていることがわかります。そして、そのきっかけとなる豊かな経験をさせたり、安心して表現できる雰囲気を作ったり、表現するために充分な環境を整えることが、教師に求められているのです。

＊練習問題
学習指導要領における教科「国語」の内容の構成について、言語の特性を踏まえて説明しなさい。

2．文字の習得と使用──文字を知って使うこと

2-1．文字とはなにか

前章で、言語は記号であるということを学びました。言語は音声言語と文字言語に分かれます。ですから、わたしたちが書いたり読んだりするのに使っている「**文字**」というのは、音声言語を視覚化した、つまり目で見てそれが言語の機能をもつものだとわかる、記号の体系ということになります。

┌関連─────
〔知識及び技能〕「言葉の特徴や使い方」
・言葉の働き
・話し言葉と書き言葉（表記）

体系的に「文字」を使えるようになると、どのように便利でしょうか。このように、テキストで私の伝えたいことばを伝えられる、というのも便利な点です（いつ、どのように読んでくれているのか、読んで理解してくれているのか、あれこれ想像しながら書かないといけないのはとても難しいのですけれども）。つまり、空間的に遠く離れていても、時間的にリアルタイムでなくても伝えられる、という点が特徴です。授業であれば、少しボーッとしていたら、いつのまにか次に進んでいたということになりますが、文字なら読み返せますね。これが文字の優れている点、**文字の機能**です。

文字を書き表していくことを「**表記**」や「**書記**」といいます。みなさんは、ノートに「文字」を書いていくとき、下から上に書きますか？右から左方向に書いていきますか？というと、たいてい、縦書きなら上からですし、横書きなら左から始めます。また、書いていくときに、使う文字は、平仮名ですか？漢字ですか？というと、「私は漢字がチョー苦手だから、全部片仮名です」というような人はマレだと思います。適当に

┌発展─────
書き手の自由度の高かった表記法ですが、戦後、国語審議会の答申に基づく表記法が施策として行われることになり、学校教育もこれに準拠しています。

（テキトーではない）、適切に平仮名、片仮名、漢字を選びながら書いているはずです。文字を使い分けながらみなさんが書いている、この表記の方法を、「**漢字仮名交じり**」といいます。

2-2．表意文字・表音文字

さて、なんと書いてあるのでしょう？

┌関連─────
〔知識及び技能〕「言葉の特徴や使い方」
・話し言葉と書き言葉（音節と文字）（漢字と仮名の使い分け）

oayayaoyanioayamari

まず平仮名に置き換えると、

おあややおやにおあやまり

ゆっくり読んでみてください。これを漢字仮名交じり文にすると、

お綾や親にお謝り

となります。何のことだかわからないという人はいませんね。「お綾ちゃん、親にお謝りなさい」という意味です。もうひとつ考えてください。

　　　　|ｏｏｏｏ|

ｏは、０（ゼロ）ではありません。ローマ字です。平仮名にすると、

　　　　|おおおお|

　実は伸ばす音があります。それをいれると、

　　　　|おーお　おおー|

　そして、漢字仮名交じり文にすると、

　　　　|王を追おう|

というわけです。ローマ字や平仮名は、とりあえず声に出して読むことはできるけれども、意味がつかみにくいですね。

　一方、

　|事務経理多少、高卒年32迄、固給18万昇給年１賞与年２隔土休|

漢字とアラビア数字からなるこの内容はいったい何でしょうか？最近はあまり見かけなくなりましたが、新聞の隅の求人広告です。「事務や経理がある程度できて、高卒以上の人で32歳以下、固定給金として月額18万、昇給は年に１回、賞与（＝ボーナス）は年に２回、（日曜はもちろんだが）隔週の土曜日が休み」という条件です。条件を読み誤ると、こんなはずではなかった！と困ってしまいます。

　漢字の羅列というと、中国語がそうです。

　　　　|我愛你|

意味は、「I love you.」です。さて、あなたが告白するならどのことばですか？「あなたを愛しています」「うちはあんたが好き」「僕は君を離さない」どれでしょう。「我愛你」と伝えたいことは同じでも、表現したいことばは人それぞれ違います。

　いくつかの例を見てきましたが、大事な点は、ことばを書き記す文字が、ことばのどの部分に対応する文字なのかによって、その機能が異なるということです。文字には、主として音を表すものと、主として意味を表すものに分けられます。主として音を表す文字を「表音文字」、主として意味を表す文字を「表意文字」と言います。それぞれ、表音文字に当てはまるのは、平仮名、片仮名、アルファベット、表意文字に当てはまるのは漢字です。しかし、主としてというところを見逃してはい

> **発展**
>
> 表音文字は、アルファベットのように一つの文字が音節を構成する音素に対応する「音素文字」と、仮名のように音節に対応する「音節文字」に分けられます。
>
> アラビア数字は本来、数の概念を表すものですが、漢数字と等しく用いられる場合には文字の機能をはたしているといえます。
>
> 文字の機能による分類として、表意文字と表音文字に二分するのが一般です。しかし、語が音と意味から成り立つという見方から、最近は「表意文字」ではなく、「表語文字」という用語が使われるようになってきました。

けません。漢字は読めないのかというと、そのようなことはなく、音読みや訓読みなど、読むための音がないわけではありません。

2−3. 文字使用の歴史

(1) 輸入された文字

┌─関連──────
〔知識及び技能〕「話し
　言葉と書き言葉」
　・ローマ字
「漢字」
「伝統的な言語文化」
「言葉の由来や変化」
└──────────

わたしたちは、平仮名、片仮名、漢字、ローマ字、アラビア数字など、多くの文字を使っています。さて、これらの文字を、日本で使用するようになった順に並べなさい、という問題があったら、どのように並べますか。この中には、日本製の文字と外国製の文字もありますね。日本人が日本語文の中でもっとも最近になって使い出した外国由来の文字というと、それはアラビア数字でしょう。最近と言っても、江戸時代のことなのですが、仙台藩士の遠藤曰人（えつじん）「夕暮集」の序文に、「文化4年」とみえます。西暦1807年のことです。数字を使った計算も、和算と呼ばれるものから洋算に変わっていきます。アラビア数字を使ってどのように数を表すのか、柳河春三（やながわしゅんさん）が書き記しています。アラビア数字になじむうちに、「四年」でなく「4年」とも表すようになったのでしょう。

アラビア数字とローマ字とは、16世紀後半、キリスト教宣教師によって伝えられたと言われます。ここに挙げたのは、イエズス会宣教師編集の、当時の日本語をポルトガル語で解説した辞典『日葡辞書』です。1603年から1604年にかけて長崎で発行されています。約32,000の日本語をポルトガル語式のローマ字で表記し、アル

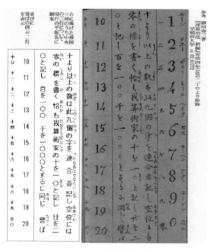

（屋名池誠著『横書き登場─日本語表記の近代』岩波新書、2003年より）

ファベット順に配列。よくみると、「Abaraya」「Abarabone」といった見出し語がありますね。

　もっとも古く、日本に伝わった文字は漢字です。約3300年前、中国で生まれました。日本に伝わったのがいつ頃なのか定かではありません。後漢の時代、西暦57年に光武帝から倭国の王が「漢委奴国王」とある金印を授与されたと『後漢書』東夷伝に記されています。その金印が、江戸時代に福岡の志賀島で発見されたという話を聞いたことはありませんか。金印そのものは偽物との説もありま

（キリシタン版『日葡辞書』1603（1604）年）

すが、こうした文物を通して、漢字というものに触れている可能性はあります。文字として認識をしていたかどうかはわかりません。

　日本の歴史を記す『古事記』『日本書紀』をみると、応神天皇の時代（4世紀末ころ）に朝鮮半島との往来があり、大陸の文化が伝えられたことがわかります。そして、あきらかに日本において漢字を使って書

漢委奴国王　ワカタケル大王

記したことを伝えてくれるのが、5世紀前半造営の古墳（千葉県市原市）から発掘された鉄剣です。鉄剣に刻まれた文字を「銘」と言います。その「稲荷台一号墳鉄剣銘」に、「王賜〔不明〕〔不明〕敬〔不明〕安」とあって、「王、□□を賜う。敬んで安んぜよ」と読めそうです。さらに5世紀後半造営の埼玉県稲荷山古墳で発掘された鉄剣には、漢字の音を使いながら「ワカタケル大王」という名前が刻まれています。固有の文字をもっていなかった日本において、漢字を使って書くことが広がっていく状況が推測されます。漢文（中国文）風の文章を書いたり、和語（日本語）を、漢字の音を使うことで表したりという所為が試みられたのです。

（2）漢字を使いこなす

　みなさんは、漢字の音読み、訓読みを知っていますね。では、次の漢字の音と訓もスラスラ答えられますか。

　　　「行」→おこな（う）＝訓

関連
『ひろがる言葉　小三上』（教育出版、R3年1月）「漢字の音と訓」

→ギョウ＝音　〈呉音〉　例）修行

→コウ＝音　　〈漢音〉　例）行動

→アン＝音　　〈唐音〉　例）行灯

「頭」→　あたま　＝　訓

　　→　ズ　＝音　〈呉音〉　例）頭巾

　　→　トウ　＝音　〈漢音〉　例）頭髪

　　→　ジュウ　＝音　〈唐音〉　例）饅頭

例を見たら、すぐにわかったかもしれません。しかし、音読みといっても、いくつかの音があって、呉音、漢音、唐音などの違いがあるということまで、あまり意識していないかもしれません。これらの音の違いは、日本にその漢字が伝えられた時期と関係があります。推古天皇の時代までに伝えられていたのが呉音、7世紀末ころから用いられたのが漢音、13世紀ころから使われたのが唐音です。これら以外の音に慣用音があります。「消耗」の「耗」（コウ）を「毛」にひかれてモウと読むような例です。

　ここで、漢字の音と訓に注目したのは、実は、当時の人が、日本語（和語）をどうしたら漢字を使って書いていけるのか、さまざまに工夫していたことを理解するためです。音読みは、もともとは中国語の発音からきています。その音を利用して、例えば「波奈」と書きます。これは漢字の音を使って一字一音で「ハナ」を表しているわけです。一方、訓読みは、もともとの日本で使っていたことば（和語）を漢字と対応させたのだということになります。「花」という漢字があります。中国での音は、私たちの音読みに近い「カ」、それを「はな」と読むことができているのは、日本語（和語）の「はな」が、漢字「花」の持つ意味に合致するということを了解したからです。このように、漢字の一つ一つの意味と、和語を対応させながら、漢字を理解し、その漢字を使って日本語を表していきました。

　奈良時代に編纂された『万葉集』という歌集には、当時の漢字を用いた工夫が見られます。『万葉集』の編者と目される大伴家持の歌です。759年の元日に詠みました。

新　　　　年乃始乃　　　波都波流能　　家布敷流由伎能
あらたしき　としのはじめの　はつはるの　けふふるゆきの
伊夜之家余其騰

『万葉集』京大本

12

いやしけよごと

「新しい年の始めの、初春の今日（まさに）降る雪のようにもっと積もってくれ、良い事よ」という意味です。「あらたしきとし」を「新年」と表記しているのは、「あらたしき」「とし」という和語が、漢字の「新年」の意味とぴったり合うからですね。このような表記の方法を訓字といいます。「はつはる」を「波都波流」と表記しているのは、漢字の意味とは関係ありませんね。漢字の音「ハ・ツ・ハ・ル」を利用しています。漢字の音を利用して、和語を表記するような漢字の使い方を「音仮名」といいます。また、『万葉集』の歌には、「嘆鶴鴨」（巻12・2885）という例があります。これは、「ナゲキツルカモ」つまり「嘆いたことだ」という意味です。助動詞「つる」助詞「かも」を鳥類の「鶴」「鴨」の漢字を使って示しています。漢字に定着している和語のヨミを利用して、別の和語を示しているのです。この漢字の使い方を「訓仮名」といいます。「音仮名」「訓仮名」のような表記を「万葉仮名」と呼びます。

　では、簡単に流れをまとめておきましょう。

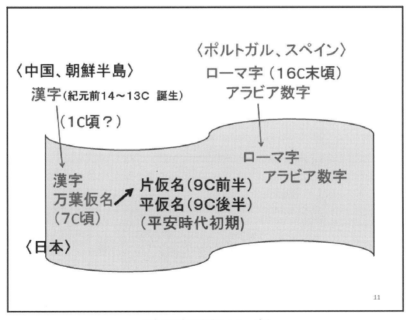

文字の歴史的展開のイメージ図

　漢字を知る
　漢文（中国語の文章）をまねる〜５世紀
　漢字利用の工夫〜６世紀頃から

漢字の音や訓を仮名（音仮名、訓仮名）として利用する

＝万葉仮名の成立

＊練習問題

万葉仮名を使って、ことばを書き表してみましょう。

（3）片仮名・平仮名の登場

　平仮名の、あのデザインは、万葉仮名を崩し書きしたものからできています。崩したものを草仮名（そうがな）といいますが、実にたくさんの例がありました。たとえば今の「す」は、「寸」の草仮名がもとになっています。ふるくは「寿」や「須」なども「す」の仮名（仮名字母）として使われていました。後の写真は、平安時代の右大臣藤原良相（よしみ）（813年生〜867年没）の邸宅跡から見つかった土器です。草仮名で書かれています。

　対して、片仮名のデザインは、丸みの目立つ平仮名に比べると直線的ですね。それは、万葉仮名の字画の一部を省略していった結果だからです。「イ」は「伊」の偏の部分、「ウ」であれば、「宇」の冠の部分が残ったというわけです。僧侶がびっしりと

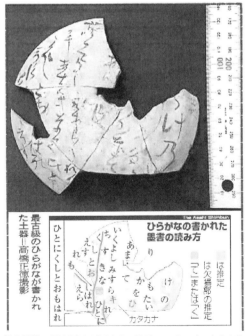

最古級のひらがなが書かれた土器＝高橋正徳撮影

The Asahi Shimbun

ひらがなの書かれた墨書の読み方

あまりのかをたひ
いくよしみすらむちくすきなひ
えすとおはひれに
れもえらはれひとに

ひとにくしとおもはれ

[ ]は推定
は欠損部の推定「こ」また「ほく」

カタカナ

朝日新聞　2012年11月29日　朝刊　1ページ　東京本社

14

書かれた経文の間に、訓読のため書き加えるのに使い始めたのが最初ではないかと考えられています。こうして片仮名は９世紀前半、平仮名は９世紀後半ころに生まれたのです。平仮名と片仮名のもとになった漢字の一覧表を参照してください。

片仮名の字源

漢字／字形										
和 ン	良 ヤ	也 ヤ	万 マ	八 ハ	奈 ナ	多 タ	散 サ	加 カ	阿 ア	
井 ヰ	利 リ		三 ミ	比 ヒ	二 ニ	千 チ	之 シ	幾 キ	伊 イ	
	流 ル	由 ユ	牟 ム	不 フ	奴 ヌ	川 ツ	須 ス	久 ク	宇 ウ	
恵 ヱ	礼 レ	江 エ	女 メ		部 ヘ	祢 ネ	天 テ	世 セ	介 ケ	江 エ
平 シ	呂 ロ	与 ヨ	毛 モ	保 ホ	乃 ノ	止 ト	曽 ソ	己 コ	於 オ	

平仮名の字源

漢字／字形										
无 ん	和 わ	良 ら	也 や	末 ま	波 は	奈 な	太 た	左 さ	加 か	安（安）あ
為 ゐ	利 り		美（美）み	比 ひ	仁 に	知 ち	之 し	幾 き	以 い	
	留 る	由 ゆ	武 む	不 ふ	奴 ぬ	川 つ	寸 す	久 く	宇 う	
恵 ゑ	礼 れ		女 め		部 へ	祢 ね	天 て	世 せ	計 け	衣 え
遠 を	呂（呂）ろ	与（与）よ	毛 も	保 ほ	乃 の	止 と	曽 そ	己 こ	於 お	

（萱原書房『明解　書写教育　増補新訂版』より）

（4）漢字仮名交じり文のよさ

　本章の最初の話に戻ります。私たちは平仮名、片仮名、漢字を使い分けながら文を書いています。どういう良いところがあるのでしょうか。

　　　　ははははははとわらった

　（「母はハハハと笑った」あるいは「ハハハ、ハハハと笑った」）

　　　　はははははいい

　（「母は歯は好い」）

平仮名ばかりだと読みにくいですね。ちなみに嵯峨天皇は、小野篁（おののたかむら）に「子子子子子子子子子子子子」の読み方を問うたという説話が『宇治拾遺物語』（巻第三，十七）にあります。「猫（の）子　子猫、獅子（の）子　子獅子」が答えですが、わかりましたか。「子」がいく通りにも読めることを利用したものです。前の例、「我愛你」で

は、「うちはアンタのことが好きやねん」という関西弁も、「や
ねん」というその人らしさが出せませんね。

関連
『ひろがる言葉　小学
国語　六下』(教育出
版、R2年6月)「日
本語の文字」

　漢字は表意(表語)文字ですから、意味を速やかに伝えるこ
とができます。平仮名・片仮名は表音文字ですから、ことばの
ヨミ方(一音一音)を正確に伝えることができます。そうなると、それらの組み合わ
さった漢字仮名交じり文の形というのは、漢字によって意味を効率的に伝達できると
同時に、平仮名によって助詞・助動詞だけでなく特異なことばなども正確に伝えられ
ます。また、片仮名によって、それが外来語、擬音語・擬態語などであることを示し
たり、あるいは、「これがコツだよ」のように、読む人に注意を向けることも可能で
す。ことばの区切り(文節)も視覚的にわかりやすくなっています。

＊練習問題
1．自分の名前や住所に使われている漢字の音や訓を調べてみましょう。
2．子どもが楽しみながら、平仮名を読み上げていくことができるものに、回文があり
ます。回文とは始めから読んでも、後から読んでも同じ内容になるというものです。
　　さて、次の例では、どこが出発点でしょうね。なんと書いてあるのでしょう？

①　　　　　　　　　　　　　　②

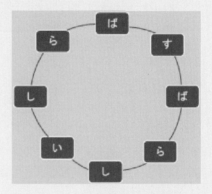

自分で回文を作ってみましょう。

2-4．仮名遣い問題

(1) 音韻(音声)と文字との差異

　わたしたちは、日本語の文章を書いていくとき、当たり前に
していることがあります。以下、話しているのに近い音声を、
片仮名文字に網掛けをしておきますね。声に出して読んでみて

関連
〔知識及び技能〕「話し
言葉と書き言葉」(音
節と文字)〔表記〕(送
り仮名)
「漢字」
「伝統的な言語文化」
「言葉の由来や変化」

ください。

「ワタシワ　ヤマエイッテ　オベントーオ　タベマス」

　では、つぎに書いてあるものを、声に出して読んでみてください。

① 「わたしわ　やまえいって　おべんとーお　たべます」

② 「わたしは　やまへいって　おべんとうを　たべます」

　いかがでしょうか。声に出しても同じですよね。

　①の例は、音声をそのまま文字に写しとったものとしては間違っていません。しかし、①のように書いて提出したら、間違っている！と叱られます。日本語の表記としては、誤りです。わたしたちは、助詞の「ワ」は「は」、「エ」は「へ」、「オ」は「を」と書くと言うことを学んでいるからです。また「オベントー」の「トー」という長音を、「とう」と書くのも同じです。

　このような日本語の表記に関するきまりは、小学校1年生から学習していきます。

(2) 仮名遣い問題を歴史的に把握しておこう

　さて、16世紀の「何そ何そ」（なぞなぞ）（1516年『後奈良院御撰何曽』）をみてみましょう。

　　　「母には二度会ひたれど父には一度も会はず」　なーんだ！

　お母さんには2回会うけどお父さんには1回も会わない？　う〜ん？　と考えると、これはダメです。ヒントは、「母」の発音です。当時、「母」は「ファファ（fafa）」に近い発音でした。ゆっくり「ファファ（fafa）」と声に出してみてください。一方の「父」は「チチ（titi）」。「母」と言う時には、2回会うけれど、「父」と言う時には1回も会わない、その答えは、「唇」ですね。

　わたしたちは、「母」について、「ファファ（fafa）」とは言いません。「ハハ（haha）」です。実は、ハ行の音の展開は、

　　　［p］→［Φ］→［h］

のように変遷してきたと言われます。そうなると、あらびっくり！「母」は、大昔は「パパ」だったということになります。

　いろいろと例をあげましたが、けっきょくのところ、音声言語は流動的であるということです。それに対して、文字言語は保守的で、古い習慣を守ろうとします。そうなると、声に出す音声言語と、文字に書く文字言語が対応しないという実際が起きてきます。これが仮名遣い問題です。

　仮名遣い問題は、現代になってはじめて問題になったというわけではありません。鎌倉時代、藤原定家（さだいえ、とも）〈1162-1241年〉の著と伝わる『下官集』

に、「を、お、え、へ、ゑ、ひ、ゐ、い」の表記の方針が記されています。これを「定家仮名遣い」といいます。鎌倉初期に、(イ・ヰ、エ・ヱ、オ・ヲ)の発音の合流がみられました。そのために、より正しい表記を示そうとしたのです。しかし、定家は当時のアクセントに注目してしまったので、汎用的なものにはなりませんでした。

　江戸時代、古文献に基づいてこれを考究したのが契沖で、『和字正濫抄(鈔)』(1695年)を著しました。契沖の定めた仮名の用法を、「歴史的仮名遣い」(旧仮名遣い、古典仮名遣い、とも)といいます。近代に入って、明治以後、1946年までこれを使用していました。一方、本居宣長は、和語ではなく、漢字音について、『字音仮字用格』を著して、その使い分けを示そうとしました。

2−5. 現代の仮名遣い

　　×　わたし**わ**　やまえいって　おべん**とー**　**お**　たべます
　　○　わたし**は**　やま**へ**いって　おべん**とう**　**を**　たべます
　　　　　助詞の表記　　　　　　長音の表記

関連
〔知識及び技能〕「話し言葉と書き言葉」(音節と文字)〔表記〕

　わたしたちは、助詞についても、長音についても、「現代仮名遣い」のきまりに従って表記しています。「こんにち**わ**」でなく「こんにち**は**」と書くのも、同じです。もともと「今日は天気がよいですね」「今日はどうですか?」といった挨拶なので、「こんにちは」の「は」は主題を表す助詞です。だから「は」なのです。

　実は、1946年までは、歴史的仮名遣いを用いて表記していました。わざわざ古文で日本語を書いていたのです。今から思うとたいへんですね。第二次世界大戦後、1946年(昭和21年11月)内閣告示「現代かなづかい」が公布され、今は、その改訂である「現代仮名遣い」(昭和61年7月1日内閣告示、平成22年一部改正)を用いています。(附録2)

2−6.「現代仮名遣い」をマスターしよう

関連
〔知識及び技能〕「話し言葉と書き言葉」(音節と文字)〔表記〕「言葉の由来や変化」

　「現代仮名遣い」昭和61年7月1日内閣告示第1号の「前書き」の「2」にあるように、「この仮名遣いは、法令、公用文書、新聞、雑誌、放送など、一般の社会生活において、現代の国語を書き表すための仮名遣いのよりどころを示すもの」です。

　附録2にある「本文」の「凡例」の「1」を見てください。「原則に基づくきまりを第1に示し、表記の慣習による特例を第2に示した」とあります。「原則」と「特例」という考え方をまずは押さえておきましょう。

「第1」は、「直音」「拗音」「撥音」「促音」「長音」という分け方になっています。わたしたちが発音するときに、ひとまとまりと意識される音を音節といいます。その1音節を1文字で書き表していくのが、「直音」です。「拗音」は、「きゃ」「きゅ」「きょ」のように、小書きの「や（ヤ）」「ゆ（ユ）」「よ（ヨ）」を用いるものです。「撥音」は「ん（ン）」と表記するものです。「促音」は、「しっ」「たっ」のように、「つ（ツ）」を小書きして示すものです。「長音」は、長くのばして発音するものです。

みなさんは、当たり前のように書き分けていると思いますが、少し、長音の原則に注目しておいて下さい。ア列、イ列、ウ列、エ列の長音の場合は、「○列の仮名に△を添える」とあります。○には片仮名、△には平仮名が入ります。「オカーサン」の「カ」は、ア列なので、「あ」を添えて、「おかあさん」になります。ただし、「(5)オ列の長音」には注意が必要です。「オトーサン」の「ト」はオ列。前にならうなら、「お」を添えるはずですが、「う」を添えるというのが原則なのです。

「第2」は表記の慣習による例です。助詞の「を」「は」「へ」のこと、動詞の「いう」のことが書かれています。「言う」を「そうユーときには」のように、「ユー」と発音していることがありませんか。「ユー」と発音していても、「いう」と書くきまりです。

「5　次のような語は、「ぢ」「づ」を用いて書く」とあります。「(1)同音の連呼によって生じた「ぢ」「づ」」（ちぢみ（縮））や「(2)二語の連合によって生じた「ぢ」「づ」」（はなぢ（鼻血））のように、その語が元来、どのような語であったかという点に注意しなければなりません。

また「6　次のような例は、オ列の仮名に「お」を添えて書く。」とあって、さきほどの「オ列の長音」の決まりととても紛らわしいです。「オーカミ」（狼）は「おおかみ」、「トール」（通る）は「とおる」と書くというような例で、「おうかみ」「とうる」と書いたら×ですね。この特例に当たるものはなるべく暗記してしまいましょう！

　　とおくの　おおきな　こおりの　うえを
　　おおくの　おおかみ　とおずつ　とおった
　　ほおずき、こおろぎ、おおたも　とおった！

＊練習問題
①　平仮名で表記したときに、「現代仮名遣い」の「第1・5　長音・(5)オ列の長音」「オ列の仮名に「う」を添える」例に当てはまらないのはどれですか？すべてチェックしなさい。
　　　　大きい　掃除　氷　発表　扇　炎

② 平仮名で表記したときに、「現代仮名遣い」の「第2・5（1）」「同音の連呼によって生じた「ぢ」「づ」に当てはまる例はどれですか？すべてチェックしなさい。

　　　　続き　　縮む　　地面　　鼻血

　私たちが口頭で話していることば、音声言語をどのように文字に書いていくのかという、表記の決まりを学習するのは、小学1年生です。子どもたちは、どのようなことにつまずいてしまうのでしょうか？それは、拍（モーラ）という日本語のリズムの把握があいまいな場合です。「ガッコー」（学校）を「がこ」「がっこ」と書いたり、「オバーサン」（お婆さん）を「おばさん」と書いてしまったりということが起こります。長音、撥音、拗音の表記に注意が必要です。

　「ねこ」と「ねっこ」を比べると、声に出して読むときに、「ねこ」は二拍分ですが、「ねっこ」は三拍分あるというように、リズムの違いを明確にしていくのがよいですね。そして、それを視覚化したり、動作化していくのも方法です。後の表を参考にしてください。

　次の語の発音を視覚化するとしたら、それぞれどのような記号列になるでしょうか。直音と撥音を●、長音を－、拗音を◉、促音を●で表しています。

<aside>
関連
俳句の五・七・五や短歌の五・七・五・七・七の音数律も、拍（モーラ）で数えることを意識しておきましょう。
『ひろがることば しょうがくこくご 一上』（教育出版、R3年1月）「ねこ、ねっこ」「のばすおん」
</aside>

　「おばさん」は「●●●●」、「おばあさん」は「●●－●●」。
　「いしや」は「●●●」、「いしゃ」は「●◉」。
　「にんぎょ」は「●●◉」、「にんぎょう」は「●●◉－」。
　「きて」は「●●」、「きって」は「●●●」ですね。

＊練習問題
記号列①〜⑤は、音節を視覚化したものです。当てはまる語は、A〜Eのうち、それぞれどれですか？
　①●●●●
　②◉●●
　③●●◉
　④◉－●●
　⑤●●●－
　　　A　しょっき
　　　B　がっこう
　　　C　まっちゃ

20

D　どっきり

E　びょういん

Table 1　MIM における特殊音節表記ルール明確化

	促音	長音	拗音	拗長音
視覚化	きって→●•●	ぼうし→●—●	きんぎょ→●●◉	ちきゅう→●◉—
動作化	清音，濁音等の1文字については，手を1回叩き，促音に対しては両手にグーを作る．例）"きって"：手を叩く→両手にグーを作る→手を叩く	清音，濁音等の1文字については，手を1回叩き，長音に対しては，合わせた手をそのまま下に伸ばす．例）"ぼうし"：手を叩き，合わせた手をそのまま下に伸ばす→手を叩く	清音，濁音等の1文字については手を1回叩き，拗音（例：きゃ）に対しては，2つの手のひらをねじって1回叩く．例）"おもちゃ"：手を叩く→手を叩く→2つの手のひらをねじって叩く	清音，濁音等の1文字については手を1回叩き，拗長音に対しては，2つの手のひらをねじって1回叩き，合わせた手をそのまま下に伸ばす．例）"ちきゅう"：手を叩く→2つの手のひらをねじって叩き，合わせた手をそのまま下に伸ばす
その他	同様の文字を使うが，促音の有無によって意味に違いの生じる語を用い，説明する（例："ねこ"と"ねっこ"："まくら"と"まっくら"）	長音表記の原則（例："ろうか"は伸ばした音が"お"のように聞こえても，書くときは"う"と書くといった原則）をまずは明確に伝え，それ以外（例：こおり）は，例外として基本原則が習得されたうえで伝える	"拗音三角シート"（Fig.2）を使って，2つの文字を徐々に早く読むことで，2文字が1音を構成していることに気づかせる．逆に，拗音を徐々にゆっくりと読むことで，1音が2文字で構成されていることに気づかせる	同様の文字を使うが，（拗）長音の有無によって意味に違いの生じる語を用い，説明する（例："にんぎょ"と"にんぎょう"）

（海津亜希子・田沼実畝・平木　こゆみ「特殊音節の読みに顕著なつまずきのある1年生への集中的指導通常の学級での多層指導モデル（MIM）を通じて」特殊教育学研究，47（1），1－12，2009.）

2－7．送り仮名について

　　　子犬が■まれる。

　　　新入■をむかえる。

　　　百才まで■きる。

　　　よいきろくを■む。

　　　草が■える。

　　　■たまごを食べる。

■に入る漢字は同じです。さて何でしょうか？　小学2年生の
教科用図書「ひろがることば　下」（教育出版下）の例です。■
には「生」の漢字が入ります。

関連
『ひろがる言葉　小学
国語　三上』（教育出
版、R3年1月）「送
りがな」
『ひろがる言葉　小学
国語　四上』（教育出
版、R3年1月）「送
りがなのつけ方」
『ひろがる言葉　小学
国語　五下』（教育出
版、R2年6月）「送
りがなのきまり」

　同じ漢字であっても、読み方が異なると意味が変わります。もちろん文の意味がそ
の漢字の意味を決めていくのですが、わたしたちは送り仮名をうまく使って、その語
（意味）がわかるように示しているのです。

　「送り仮名の付け方」にも一定の決まり（1973（昭和48）年6月内閣告示第2号）が
あります。（附録3）

　全体の構成は、

・　単独の語

　　1　活用のある語

　　　通則1（本則・例外・許容）、通則2（本則・許容）

　　2　活用のない語

　　　通則3（本則・例外），通則4（本則・例外・許容）、

　　　通則5（本則・例外）

・　複合の語

　　　通則6（本則・許容），通則7

・　付表の語

　　　1，2

発展
昭和56年10月1日内
閣告示第一号として
1945字が「常用漢字
表」に示された。平成
22年11月30日内閣告
示第二号において、あ
らたに196字増え、5
字減って、2136字と
なった。

となっています。概ね、語の活用に沿って、活用する部分から仮名で書くというのが
原則です。

　個々の漢字については、「常用漢字表」を確認しましょう。常用漢字は2136字で
すが、そのうち、小学校で学習する漢字は、1026字です。1989（平成元）年3月文
部省告示「小学校学習指導要領」に掲げられている「学年別漢字配当表」では、
1006字でしたが、2017（平成29）年「新学習指導要領」において、新たに20字が
第4学年に配当されるようになりました。

茨　媛　岡　潟　岐　熊　香　佐　埼　崎

　　滋　鹿　縄　井　沖　栃　奈　梨　阪　阜

これらは、府県名に使う漢字だとわかりますね。

「学年別漢字配当表」を確認しておきましょう。

＊練習問題

いく通りかの読み方があり、送り仮名が異なるという漢字の例をあげましょう。

2−8. 漢字

（1）形・音・義

┌ 関連 ─────
│〔知識及び技能〕
│「漢字」
│「伝統的な言語文化」
│「言葉の由来や変化」
└─────────

　すでに文字の役割を学習しました。平仮名や片仮名は表音文字、漢字は表意文字という分け方ができるということでした。漢字の場合、その意味、音とともに大切な観点が、形です。まとめて「形・音・義」といいます。中国では古くから、漢字を「形・音・義」の三つの側面から分析して理解しようとしていました。それが、「六書（りくしょ）」の考え方です。

　中国の後漢時代に、許慎は、『説文解字（せつもんかいじ）』を著しました（100〜121年）。約1万の漢字をまず字形から分類し、一文字ごとに、「六書」の考え方で分析し解説を加えた字書です。「六書」とは、象形、指事、会意、形声、転注、仮借（かしゃ）という六通りの分類です。漢字の字形がどのように意味や音とつながるのか、その原理を知っていると、漢字の意味や音が考えやすくなります。私たちは、「氵（さんずい）」の偏がついていると、水に関係する漢字だと予想したりしていますね。また、「可」「何」「河」「苛」「荷」は、いずれも「カ」という音で読むのではないかという推測もできます。どちらも、この原理を使っているのです。

（2）六書

　「六書」のうち、象形、指事、会意、形声は、文字の構成要素の分析に関わり、転注、仮借（かしゃ）は、文字の運用法に関わるものです。

┌ 関連 ─────
│『ひろがることば
│しょうがくこくご　1
│上』（教育出版、R3
│年1月）「かん字のは
│じまり」
│　『ひろがる言葉　小学
│国語四上』（教育出
│版、R3年1月）「漢
│字の音を表す部分」
│　『ひろがる言葉　小学
│国語五下』（教育出
│版、R2年6月）「漢
│字の成り立ち」
└─────────

　　　　象形＝**物の形**をかたどり、それを指す

　　　　指事＝図や記号によって**抽象的な概念**を表現する

　　　　会意＝象形や指事などを**意味に着目して組み合わせ**、別の

　　　　　　　　意味を表す

形声＝象形や指事などを、**意味と発音に着目して組み合わせ**、別の意味を表す

仮借＝別の字が**音だけを借りて**用いられる現象

転注＝別々の字が**字義の転化**を経て互いに同じ意味としても用いられる現象

　転注や仮借の例は、数として少ないですし、異論もあるので、現代ではあまり取り上げられていません。ここでは、最初の四つについて詳しくみていきます。

　①象形の例

I	甲骨	2	甲骨
3	甲骨	4	甲骨
5	甲骨	6	甲骨
7	甲骨	8	甲骨
9	甲骨	10	甲骨
II	甲骨	12	甲骨

（図は白川静著『字通』より引用。以下同。）

　ここには12例を挙げました。絵画的に書かれていますね。何という漢字なのか予想できますか。

②指事の例

I	甲骨	2	説文 甲骨
3	説文 甲骨	4	金文
5	説文	6	説文

　1＝「三」、2＝「上」、3＝「下」、4＝「末」、5＝「本」、6＝「十」です。数字は、数量を記号的に表しています。「上」や「下」という漢字は、手のひらを基準として、それよりも上部なのか下部なのかを記すことで、「上」「下」を示しています。「木」の形を基準として、その端のあたりや、根元に印をつけることで、「末」や「本」の意味を抽象的に示しています。

③会意の例

　象形や指事などを、それらの漢字のもつ<u>意味に着目して組み合わせる</u>ことから成り立っています。

安＝宀 ＋ 女

安心の「安」の漢字です。廟屋を表す「宀」と「女」の組み合わせで、新婦が祖霊を祀る家廟で儀礼を行うかたちを表します。なるほど、これで家は安泰というわけですね。

次は勇ましい漢字です。

武＝弋 ＋ 止

戦いに使う弋（戈）と、足跡の意味止の組み合わせです。つまり、武器をもって行進する、というわけですから、勇ましく強い「武」の意味になります。

④形声の例

　象形や指事などを、それらの<u>意味と音に着目して組み合わせる</u>ものです。意味を表す方を「義符」、音を表す方を「音符（声符）」と呼びます。

河＝氵 ＋ 可
義符　　　音符（声符）
さんずい＝水　　ガ（呉音）
が偏になった　　カ（漢音）
もの

氵は、もともと水からできていますので水の意味を表し、それとガやカの音を持つ「可」が組み合わされています。「山河」「河川」はサンガ、カセンの熟語が思い浮かびますね。

銅＝金 ＋ 同
かねへん＝　　ヅウ（呉音）
金属　　　　　トウ（漢音）
　　　　　　　ドウ（慣用音）

「銅」は、金属の意味を表す「金」と、トウ・ドウの音を持つ「同」の組み合わせの例です。

　象形・指事・会意・形声の具体的な例をみてきました。日本で作られた日本独自の漢字を「国字」といいます。それらの多くは、実は、会意の原理で作られています。

　　峠＝山＋上＋下。　山の上り下りの境界となる所の意から

　　働＝人＋動。　　　人が動く意から

　　畑＝火＋田。　　　水田に対して草木を焼き払った耕地をさすから

　　凪＝風＋止。　　　風や波が静まる意から

例）

訓 わきまえる・そだつ・まなぶ

訓 じゃーじー

訓 おもいで

2010年「創作漢字コンテスト」より

　現代では、漢字の構成法を学び、漢字を組み合わせて新しい漢字を創りだしてみよう！という、コンテストも開かれています。漢字に興味をもち、漢字を考えるきっかけとしてたいへん面白いものです。

１．次の漢字は、六書のうち、どの原理で構成されているでしょうか。

「下」「森」「日」「線」「山」「花」「男」「二」

２．六書を念頭におきながら、オリジナルの漢字を考え、その漢字の音・訓・字義、文例を書きなさい。

2-9. 字体と書体

（1）字体

「字体」というのは、他の字と弁別するために必要な、点画などの文字の骨組・形のことです。ややこしいのは、同じ文字（字種）なのだけれど、見た目に違いのあるものです。「私の名字に使われている漢字が実はそうです。」という人がいます。

> 関連
> 〔知識及び技能〕「漢字」
> 「伝統的な言語文化」
> 「言葉の由来や変化」
> 「書写」

たとえばワタナベさん。「渡辺」「渡邊」「渡邉」のように、「辺」の字体が異なります。

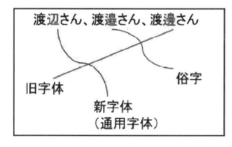

現在、わたしたちは、1981（昭56）年内閣告示による「常用漢字表」に挙げられている漢字を基本として用いています（2010年改訂、2136字）。おおげさではなく、本当に５万とある漢字の中で、このように使用する漢字の数の制限がなされたのは、1946（昭和21）年のことです。「当用漢字表」に1850字が示されました。これを受け、1949年には「当用漢字字体表」が出て、それまで俗字や略字とみなされていた字体が公認されることになりました。あらたに「当用漢字字体表」に採用されるようになった字体が「新字体（通用字体）」です。「新字体」に対応する、従来使われていた字体を「旧字体」といいます。このように新旧でとらえる場合もあれば、基準とする字体を「正字体」とし、それとは異なる字体を、「異体字」や「俗字」「古字」のようにとらえる場合もあります。「学」の字で図に整理しておきます。

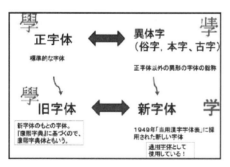

ちなみに、「辺」は新字体、「邊」はその

旧字体、「邉」は俗字（『康熙字典』に「俗譌字」とする）として扱われることがもっぱらです。

＊練習問題
次の漢字の新字体はどのような漢字でしょうか。
１「當」、２「爲」、３「壽」、４「圖」、５「圓」

(2) 書体

「書体」とは、字体をもとに、視覚的に現れてくる一定の表現スタイルのことです。みなさんがパソコンを使って文書を書くときに、フォントを選ぶことがありますね。

これは明朝です

これはゴシック体です

これはポップ体です

ちなみにこのテキストでは、「UD デジタル教科書体」を用いています。「UD」（ユニバーサルデザイン）ということで、誰にとっても見やすい書体が普及してきています。

古く中国において、手書きで漢字を書いていくときに、スタイルの変遷がありました。

いずれも「千字文」の冒頭部分です。「千字文」は中国の幼学書です。その文章を、書のお手本として六種類の書体で書かれたものが並べられています。「篆書」には、「小篆」「大篆」の二種類がありますが、たいていは「小篆」を指しています。もともと、青銅器、石碑などに刻まれていた直線的で左右対称的なスタイルが元になっています。今でも、印鑑や表札などに使われることが多いです。「隷書」は横画に特徴がみられます。目立つ横画は、大きく波のようにうねって右にはね出します。木簡や、竹簡（細長い竹の札、何枚もつなぎ合わせて用いることも）、帛書（文字を書き付けた絹布）などに用いられていました。複雑な「篆書」を簡略化して

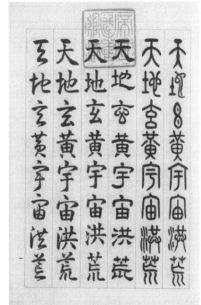

竹山高田忠周書『六体千字文』（冨山房、昭和13年）国立国会図書館デジタルコレクション

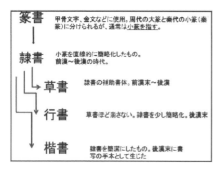

篆書	甲骨文字、金文などに使用。周代の大篆と秦代の小篆(秦篆)に分けられるが、通常は小篆を指す。
隷書	小篆を直線的に簡略化したもの。前漢〜後漢の時代。
草書	隷書の補助書体。前漢末〜後漢
行書	草書ほど崩さない。隷書を少し簡略化。後漢末
楷書	隷書を簡潔にしたもの。後漢末に書写の手本として生じた

書かれるようになったのが、「隷書」の始まりです。

「隷書」を簡略化した書体が「草書」です。隷書の補助書体として用いられていました。一方、「隷書」を「草書」ほどは崩さないで書かれたのが「行書」です。「行書」と並行して、今のかっちり整ったスタイルに近い「楷書」が書かれるようになりました。私たちは、「楷書」から、しだいに崩していったのが、「行書」「草書」と思いがちですが、実は、書体の誕生からすると、「篆書」「隷書」「草書」「行書」「楷書」の順になります。

有名な書の作品を次に掲げておきます。

「散氏盤」銘文部分拡大、西周時代（淑徳大学書学文化センター所蔵拓本）

「曹全碑」部分　後漢時代185年（淑徳大学書学文化センター所蔵拓本）

褚遂良書「雁塔聖教序(がんとうしょうぎょうじょ)」部分
唐653年（淑徳大学書学文化センター所蔵拓本）

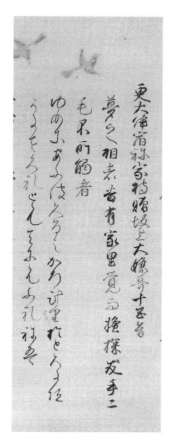

平安時代後期の能書家源兼行の書か
（『日本名筆選27　桂本万葉集　伝紀
貫之筆』二玄社より）

「哭澄上人詩」
嵯峨天皇
平安初期

空海・橘逸勢
とともに「三
筆」の一人。

（『日本名筆選37　嵯峨天皇　橘逸勢集』二玄社より）

2-10. 漢和（漢字）辞典を使いこなす

　今までに漢和辞典を使ったことはありますね。どのようにすれば、探したい漢字にたどりつくでしょうか？　国語辞典の類は、通常、50音順になっていますね。「あ」「ああ」「アーチ」「あい」「あいきょう」などのように、1文字目が「あ」のことばからはじまり、2文字も50音のはやい順、その次の3文字目…ということで、50音順が基本です。

　漢和辞典の多くは、漢字の部首ごとに並んでいます。部首というのは、必ずしも一定の分け方があるわけではありません。漢字を「形・音・義」のうち「形」の側面から見たときに、おおよそ、字形の類似するものにわけ、それらを配列したものを部首と呼びます。『説文解字』には、500を超える部首が設けられていましたが、現在の漢和辞典の多くは、中国清朝に編纂された『康熙字典』のたてた214種にならっています。

　配列は、画数の小さい部首が先です。そして部首のまとまりの中も、画数の小さい漢字から始まっています。たとえば、きへん（木）の部首の所なら、最初に置かれる漢字は部首を除いて0画の「木」ということです。

　漢字項目（親字）ごとに、音、訓（よみ）、人名に用いる読み、中国語音（四声・韻）、成り立ち（六書）、意味などを解説しています。また、熟語などの例をあげて意味の記述をし、出典を示すものもあります。小学生向けの辞典から見本をあげておきます。

　そうはいっても、漢和辞典を最初から読み進めながら漢字を探す人は極めて少ないでしょう。漢和辞典には便利な索引が付されているので、それを使いこなしていきま

［関連
〔知識及び技能〕
「漢字」
「情報の扱い方に関する事項」（辞書・事典の使い方）
「言葉の由来」や変化（漢字）
「読書」

［関連
『ひろがる言葉　小学国語四上』（教育出版、R3年1月）「漢字辞典の引き方」

『小学新漢字辞典　三訂版』（光村図書）

『例解学習漢字辞典　第九版』（小学館）

す。索引は、部首索引を基本とし、音訓索引、総画索引を付しているのが一般です。読み方がわからないときに画数に頼ることになります。画数の数え違いをしないようにすることが大切ですね。

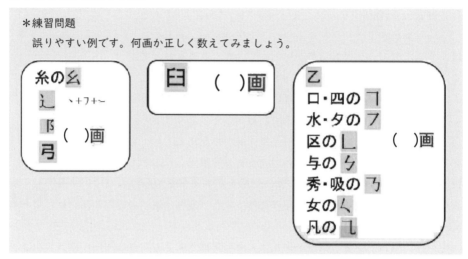

＊練習問題
　誤りやすい例です。何画か正しく数えてみましょう。

糸の幺
辶　　　、＋フ＋〜
阝　（　　）画
弓

臼　　（　　）画

乙
口・四の　┐
水・夕の　フ
区の　　　∟　　　（　　）画
与の　　　ㄅ
秀・吸の　ㄅ
女の　　　く
凡の　　　乁

　漢字の字形をその構成から、左右、上下、内外など二つの部分に分けることができる場合に、左の部分を「偏（へん）」、右の部分を「旁」（ぼう・つくり）、上の部分を「冠」（かん・かんむり・かむり）、下の部分を「脚（きゃく）」といいます。また、上部と左部とにまたがるものを「垂（たれ）」、左部から下部にまたがるものを「繞（にょう）」、上部と左右から挟むものを「構（かまえ）」といいます。字形を意識することが、正しい字体で読みやすい字を書くことにつながるでしょう。

関連
『ひろがる言葉　小学国語　三下』（教育出版、R２年６月）「へんとつくり」「漢字の組み立て」
『ひろがる言葉　小学国語　四上』（教育出版、R３年１月）「漢字の部首」

2-11. 書写

(1) 正しい姿勢

関連
〔知識及び技能〕
「書写」

　これまでの生活習慣の中で、良い姿勢で文字を書くというあたりまえのことが、いつのまにかできなくなっているという場合が多いのではないでしょうか。いまいちど、小学生のころにどのような姿勢がよいと学んできたのか振り返りましょう。

　「ぐう」「ぺた」「ぴん」「さっ」のかけ声で正しい座り方をとることを学び、これが習慣化できるようにします。いすに腰掛けて書く場合の位置です。

「ぐう」……おなかと机の間に「ぐう」のこぶし一つ分、せなかと椅子の背の間にもこぶし一つ分空けているかの確認をします。

「ぺた」……肩幅ぐらいに開いた両足の足裏（靴底）が床にぺたっと着いているようにします。

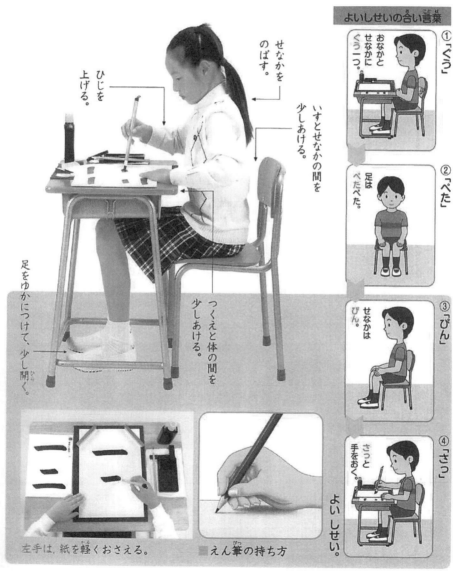

よいしせいの合い言葉

① 「ぐう」
おなかと
せなかに
ぐう一つ。

② 「ぺた」
足は
ぺたぺた。

③ 「ぴん」
せなかは
ぴん。

④ 「さっ」
さっと
手をおく。
よいしせい。

せなかをのばす。

ひじを上げる。

いすとせなかの間を少しあける。

つくえと体の間を少しあける。

足をゆかにつけて、少し開く。

左手は、紙を軽くおさえる。

えん筆の持ち方

（「小学　書写３」教育出版、H24.1）

「ぴん」……背筋を「ぴん」とまっすぐに伸ばします。

「さっ」……利き手に鉛筆をもち、反対の手を、手首のあたりから机に載せるようにします。

では、「ぐう」「ぺた」「ぴん」「さっ」のかけ声にあわせて、書く姿勢をとってみましょう。

(2) 鉛筆・筆の持ち方

鉛筆の持ち方に自信のある人とない人とにはっきり分かれるようです。自信のない人は、正しい持ち方を身につけてください。

鉛筆は親指・人差し指・中指の三指ではさみます。図のようにといっても、なかなかポイントがつかみにくいです。そこで、大阪市立玉出小学校橋爪秀博先生の指導法である「クジャク法」(『正しい鉛筆の持ち方ができるクジャク法』2011年, アットワークス)を紹介しておきます(一部、表現を変えています)。

①鉛筆を持つ方の手の指で「OKサイン」を作る。

②OKサインができたら、人差し指を伸ばし、親指を人差し指の第一関節までスライドさせて、クジャクの頭に変身させる。

＊とがったくちばしに、親指を少し曲げて、大きな目、中指・薬指・小指をピンと上げて、立派なかんむりを作る。

③左手に鉛筆を持ち、鉛筆を毒ヘビに見立て、右手のクジャクとにらみ合う。

④クジャクのくちばしで、毒ヘビ(鉛筆)をくわえる。右手の人差し指と親指で鉛筆をはさむ。

⑤毒ヘビがあばれて回転する。鉛筆を持っている左手で鉛筆を右手人差し指の付け根まで回転させる。

＊この時は、親指と人差し指で鉛筆をはさんでいる。

⑥そこで、毒ヘビが逃げないように、かんむりで押さえ込む。

＊かんむりで毒ヘビを押さえ込む時、3本の指(中指・薬指・小指)をセットで動かす。

＊この時、鉛筆を親指、人差し指と中指の3本の指で持っているか、鉛筆の芯側から見て確認する。

⑦鉛筆を持ったまま、全部の指を曲げる(モグモグの動き)。

⑧曲げた指を伸ばす(モグモグの動き)。

＊モグモグを繰り返す。

クジャクの顔と
かんむり

1　鉛筆を持
つ手で、OK
サインを作
る。

2　人差し指を
伸ばし、親指
を人差し指の
第一関節まで
スライドさせ
る。クジャク
の顔とかんむ
りができた。

クジャクは毒ヘビを
食べてくれるんだ。
自然に正しい鉛筆の
持ち方ができるね。

3　毒ヘビが現れる。

4　毒ヘビをくわえる。

5　毒ヘビが回転する。

（2本の指で持っているね）

6　かんむりで押さえる。

7　モグ（指を曲げる）。

8　モグ（指を伸ばす）。

9　正しい鉛筆の持ち方が完成。

①人差し指に鉛筆をそわせる。
②親指は人差し指より下がらない。

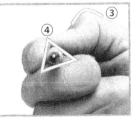

③親指を少し曲げる。
④3本の指で持つ。

クジャクと毒蛇の物語仕立てにすると、子どもたちにもわかりやすいですね。鉛筆を手にもって、子どもに教えるように、演じてみましょう。鉛筆をもったら、紙に対して60度ぐらい傾けて書いていきます。

毛筆の持ち方は、二通りあります。「一本がけ」（単鉤法）と「二本がけ」（双鉤法）です。一本がけは細筆、二本がけは太筆に適しています。

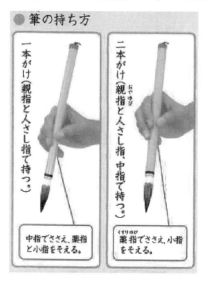

（「小学　書写4」教育出版、H24.1）

（3）点画の種類

書写を行うに際して、書写の用語を用いて指導を行います。たとえば、筆の動かし方を「運筆」、力のいれ具合を「筆圧」、文字の一画を書くときの最初の書き出しを「始筆」、最後の止め方を「終筆」、その途中の動きを「送筆」といいます。また、縦の線を「縦画」、横の線を「横画」といいます。

さらに、特徴的な筆の動かし方からうまれる、字形の各部について呼び方があります。「右はらい」「左はらい」「止め」「はね」「折れ」「曲がり」「そり」「点」の名称と、それらを書くときの筆の動きに注意しましょう。

主に毛筆の筆使い（①〜④は形状別の注意点）	主な点画（※数字は筆圧を数値化した目安）	解説	基本点画
※肩や腕を（硬筆では手首）支点として運筆する。筆先の位置は、上側を通る。 ①長い横画 始筆…左上方約四十五度から筆を下ろす。 送筆…筆圧を徐々に加え、右横に運ぶ。 終筆…筆先の方に押し返すよう引き上げる。 ②短い横画…仰ぐように。 ③短い横画…筆圧は一定で、直線的に右上がりに書く。	① 〔送筆／始筆／3／4／終筆〕 王／硬筆 一 ③ 三 ② 二	頻度数が最も多い画。長い横画は右上がりで伏する形となる。	横画
※腕全体を使って胸の前に運ぶ気持ちで。筆先の通る位置は常に左側を通る。 ①終筆を強く止める縦画 始筆・終筆の筆圧は強く、垂直に送筆する。 ②終筆の筆圧を弱める縦画 終筆の筆圧を弱くし、筆先を残して上方に引き上げる。終筆が他画と接する場合に用いる。 ③終筆ははねの縦画 筆圧をそろえる左上方に短くはねる。	③ 川 ② ① 〔始筆／送筆／終筆〕 下／硬筆 一 5／0／5／4 小／上	主に文字の柱として直立した形が要求され、概して太めに書く。	縦画
※左上方約四十五度からの始筆で、送筆の途中で止め方向転換する。 ※横方向から縦方向の折れでは、横部の終筆が、縦部の始筆になるように。 ①横部より縦部を太めに書く。 ②横部を細めに。縦部の始筆が縦画になるように。 ①横部より縦部が短い場合（例、「口・白」等） ②内側に折る ③縦部より縦部が長い場合（例）…垂直に折る	② ① 硬筆 〔白／日〕 フ 〔始筆／送筆／4・5／3〕 フ	送筆の途中で止めて、方向を変えて書く画。複合画のひとつ。	折れ（転折）てんせつ
※左上方約四十五度からの始筆で、左下方に送筆する。筆先は線の上方を通る。 ①中央部を過ぎたら筆圧を徐々に緩め、筆先をまとめながらゆっくり左払う。 ②下の横画とほぼ平行に短く払う。 ③交点まで垂直に送筆の後、丸みをつけて左横に払う。 ④右横の縦画と平行になるよう大半を垂直に引いてから小さく払う。	② ① ノ 人／硬筆 ③ 千／大 ④ 行／月 〔始筆／送筆／終筆／0〕	次画への円滑な移行のため軽快に運ぶ画。長さや方向は多種。	左払い
①始筆…左上方から弱い筆圧で筆を入れて、軽く止める。送筆…右下四十五度方向に筆圧を加える。筆圧が最大になったところで一度止まり、その後、筆先をそろえるように筆圧を減じる。終筆…筆圧をまとめながらゆっくり右横へ払う。 ②は、「しんにょう」に使われ、送筆を「へ」の字に運筆する。	① 〔始筆／2／送筆／5／終筆〕 木／硬筆 乀 ② 乀／近	右上がりの抑制のために重量感を強め、左右の均衡を図る画。	右払い

（『明解　書写教育　増補新訂版』萱原書房より）

主に毛筆の筆使い（①〜④は形状別の注意点）	主な点画（※数字は筆圧を数値化した目安）	解説	基本点画
※終筆は「はらい」である。「はね」と間違えやすいので注意。送筆を意識することが大切である。 ※「レ・ム」の折れから終筆への筆使いも同様である。 ①始筆…左上方から強い筆圧で入筆する。 送筆…短くてもすぐはらうのではなく筆圧を徐々に弱くする。 終筆…次画の書き出しに向かいやすく上げるように払う。	① 汽　鉄　耳　硬筆　ノ	次画への円滑な移行のために軽快に右上方向に運ぶ画。	右上払い
※始筆、送筆、終筆を意識することが大切である。 ①始筆…左上方から入筆する。 送筆…右下方向に短く。 終筆…筆先を返して筆先の方向に突き返す。 ②は、送筆部を垂直に運ぶ縦点。 ③始筆…筆先を起こした状態から軽く入筆する。 送筆…左下へ押し込むよう筆圧を加え止める。 終筆…筆先の方向に突き返して筆を抜きあげる。	① 犬　立　魚　③　硬筆	方向と長さを持った短い画。送筆の向き・終筆により三種ある。	点
※筆先の位置の移動に注意。 ※筆の軸を回さず運筆する。 ①始筆…左上方から強い筆圧で筆を入れる。 送筆…右下に弓なりに引く。 終筆…筆圧を強くしないで止め、真上か右上方に筆先をまためながらはねる。 ②始筆…弱い筆圧で入筆する。 送筆…中程から水平に運ぶ。 終筆…「はね」は内側の次画の始筆に向く。	① 代　②　心　硬筆　し	送筆部の曲線の形状をいう。左回り・右回りがあり終筆ははね。	そり（戈法）
※筆先の位置の移動に注意。 ※筆の軸を回さず運筆する。 ①始筆…左上方から強い筆圧で筆を入れる。 送筆…ほぼ垂直に運筆した後、筆圧をやや弱めながら丸みがでるようにゆっくり曲げる。仰ぐように右に運筆し、徐々に筆圧を加え止めてから真上にはねる。	① 光　硬筆　し	送筆の途中で曲線を描きながら、ほぼ九十度に方向を変える画。	曲がり（浮鵞）
※筆先の位置の移動に注意。 ※折れる方向は変わるものの、筆圧はほぼ一定。 ①「しんにょう」の二画目にあたる画。二画で書かないため、送筆の「そり」の方向に注意する。 ②横画に「そり」が複合した画。接合部はつき返すようにしてから「そり」の送筆となる。平仮名にも同様の「おりかえし」がある。	② 気　①　遠　ろ　て　硬筆	「折れ」以外の複合画。および二つ以上の「折れ」を含む画。	複合画

（『明解　書写教育　増補新訂版』萱原書房より）

38

＊練習問題

次の文字について、〇印をつけたところの点画の名称を答えなさい。

2−12. 書写練習

（1）基本の字体・字形の考え方

　みなさんは、元号「れいわ」の「れい」という漢字がどのような字の形をしていたのか、すぐに思い浮かべることができますか？

　　ａ「令」

　　ｂ「令」

　違いに注目してください。同じ字体（字種）であっても、字形が少し異なります。「2─9（1）字体」で確認したように、画数まで変わってくれば、それは異体字の類になりますね。ａとｂのどちらも楷書を基本にしていますが、ａは、印刷物でよく使用される明朝体で、ｂは教科書体です。書体は視覚的に現れるひとつの表現上の特徴ですから、字形が一定の特徴を持つ場合に、〜体のような書体として命名されます。

　みなさんは、おそらくｂか、ｂにきわめて近い字形で書いているでしょう。小学校では、「学年別漢字配当表」の漢字を学びますが、漢字の指導においては、そこに示す漢字の字体（教科書体と呼ばれる書体を用いている）を標準として学ぶということが、学習指導要領（「第3　指導計画の作成と内容の取り扱い」）に明記されているからです。

　一般的に楷書を基本としていても、個人個人で字形が異なってくる場合があります。平成28年2月に文化審議会国語分科会（文化庁）より「常用漢字表の字体・字形に関する指針」が出されました。そこには、「字体は骨組みであるため、ある一つの字体も、実際に書かれて具体的な字形となってあらわれたときには、その形は一定ではない。同じ文字として認識される範囲で、無数の形状を持ち得ることになる。」と

あります。これを踏まえ、教育現場においても、児童の書く文字の評価にあたっては、その字形について柔軟に評価することが望ましいという考え方が示されています。

「とめ」「はね」の違いだけで×になってしまうということでは柔軟とは言いがたいですね。指導に際しては、微妙な字形の相違が生じるということを念頭においておく必要があるわけです。それは漢字だけではなく、平仮名でも同様です。

　　　a　「き」「さ」「ふ」「り」

　　　b　「き」「さ」「ふ」「り」

aの明朝体ではなく、bの教科書体を標準として指導するようにします。

(2) 字形を整えるために

実際に文字を書いていくとき、整った字形にするために、注意するポイントがいくつかあります。

まず、①から③は、文字全体の姿から見た整え方です。

①外形……文字の全体を図形に置き換えるとおおよそのような輪郭になるのかを意識します。

②文字の中心……マスの中心に対して、文字をどのように配置するのかを意識します。

③組み立て方……漢字について、「偏」(へん)「旁」(ぼう・つくり)「冠」(かん・かんむり・かむり)「脚」(きゃく)「繞」(にょう)「構(かまえ)」など、部首で学習した字形をもとに、組み合わせのバランスを意識します。

次の④から⑧は、点画相互の組み合わせによる整え方です。

④画の長さ……並行する線があるような時、とくに長さのバランスを意識します。

⑤画と画との間……並行する線を書くときに、その間隔が等間隔だったり、少し間隔が異なっていたりするところを意識します。

⑥画の方向……払い同士であったり、払いと縦画、あるいは払いと横画について、それぞれの始筆から終筆にかけての方向を意識します。

⑦画の付き方……点画が付いているのか、離れているのか。

また、付いているときの位置を意識します。縦画と横画が付く、「口」の字形を取る場合は、横画の終筆部を少し出します。その他の右下部分と左下部分では、縦画の終筆を少し出すということを意識します。「光」のように、点が斜めになる場合は、下に来る横画に付けません。

　⑧画の交わり方……画のどのあたりで交叉させるのか、また交叉する線と線との角度を意識します。

せ　土　文

関連
『ひろがることば　小学国語　二上』（教育出版、R３年１月）「画と書きじゅん」

　８つのポイントを確認しましたが、小学校においては、文部省編「筆順指導の手びき」（S33年.3月）に示す筆順の原則に基づいて指導するのが基本になります。字形を整えることや同一の構成部分をもつ文字を指導するために効果的であり能率的であるという考えに拠ります。

3. 語・文の理解と運用——ことばで表現すること

3−1. ことばの意味

「朝日新聞」「あのね」欄に投稿された記事を見てみましょう。

関連
〔知識及び技能〕「言葉
の働き」「語彙」

①年末のこと。「お空が晴れていたら天気がいい、雨だと天気が悪いって言うの？」って、おばあちゃんから教えてもらったことをママに確かめたんだ。そのちょっと後の日は晴れだった。「今日は天気がかっこいいね！」（香川県丸亀市　藤田大也・３歳）

（「朝日新聞」2020年１月18日朝刊「あのね」）

　思わずクスッと微笑んでしまいます。大也さんの「天気がかっこいいね！」と言うのは、どのような天気だったのでしょうね。「晴れ」だと「天気がいい」、「雨」だと「天気が悪い」と教えてもらっていたことからすると、からっと晴れてとてもすがすがしい天気だったのではないかと想像してしまいます。もちろん、「かっこいい」をこのような場面で使用しないということを、私たちは知っています。「かっこいい」も「よい（いい）」の範疇だけれども、「かっこ」は「格好」であって、人に関わる姿・形、様子などに限定して用いるからです。しかし、このような子どものことばの使い方から、私たちは、ことばのあり方をさまざまに考えることができます。

　ことばの意味というのは、言語の持つ伝達作用に欠かせないものです。そして、その意味は、他のことばとの相互関係、体系における価値によって外部的に規定されていくものです。「わたし」ということばは、「わたし」以外の人間がいてはじめて「わたし」の意味が機能するのです。オムライスが食べたいと思ったひとり暮らしのＡさんが、わざわざ「わたしはオムライスが食べたいなあ」とは言わないでしょう。家族がいて、たとえば誰かが「今日は冷やし中華にしよう」といった時には、「わたしは」と使うことの理由が明らかです。

　他の例を挙げます。「小学生」は、小学校に在籍して学んでいる子ども、という意味ですが、その意味の特徴は、年齢層（子ども）・立場（学んでいる）・所属（小学校在籍）という観点から導かれています。このように語の意味を分析するときの単位を、「意義素」と呼びます。意義素の一部が置き換わって、たとえば所属が中学校に在籍となれば、「中学生」になります。逆に言うと、辞書は意義素（概念規定）を分析して、語について記述していることになります。「北を向いたとき、東に当たる方向・位置。」（集英社『国語辞典』1993年）は何についての記述なのかわかりますか？　続けて、「←→　左」とあります。そうです、「みぎ【右】」の項目です。

3－2．ことばとことばの関係

語と語は、その意味においてさまざまに関係を持っています。そうした関係の中で、「類義関係」「反義・対照関係」「上位語・下位語」のような体系において、関連語として捉えられる語があります。

関連
〔知識及び技能〕「言葉の働き」「語彙」「文や文章」

(1) 類義語

類義の関係にある「類義語」とひと口にいっても、関係のあり方に違いがみられます。

A 「くだもの」「果実」「フルーツ」という語は、ほぼ同義といっても差し支えありません。違いとしては、語の由来が、和語なのか、漢語なのか、外来語なのかというぐらいです。「わざ」「技術」「スキル」も同様の関係にある類義語です。

B ある場面を思い浮かべてください。公共交通の手段のない施設に研修に行ったものの、どうしても帰宅しなければならなくなり、「くるまを呼んでもらえませんか」とお願いしました。研修先の人はどんな車を呼んでくれますか？ふつうは「タクシー」ですよね。ここで使っている「くるま」という語の意味は、「タクシー」に限定されます。普通に考えると、「くるま」であれば、具体的には乗用車、バス、トラックなども同じ「くるま」の範疇にはいりますが、この場合は、「くるま ＞ タクシー」、つまり「くるま」に、「タクシー」が包摂されていると捉えられます。ある語が別の語に包摂される関係です。

C もうひとつは、「いえ」と「うち」や、「うれしい」と「たのしい」のような関係です。使い方を考えてみましょう。「いえを建てる」「うちを建てる」という場合は、

「いえ」も「うち」も家屋のことです。同じように用いられますが、「いえの会社」「うちの会社」の場合、「実家の（親の）会社」と「自分が勤めている会社」といった違いが生まれます。その語の持つ意味が重なる部分もあれば重ならない場合もあるという例です。

家屋、家庭

「うれしい！たのしい！大好き！」というドリカムの歌がありますね。「大好き」はちょっと横に置きまして、「うれしい」「たのしい」の二語についてです。どちらも自身の心の状態、明るく晴れやかな快い気持ちです。「久しぶりに友人と遊べて〇〇〇かった」の「〇〇かった」には、「うれしかった」「たのしかった」どちらを入れますか？どちらを入れてもよい気がします。しかし「時間を忘れてのおしゃべりは〇〇〇〇」の場合の「〇〇〇〇」は、「たのしい」ですね。「うれしい」では違和感を覚えます。次の図のように、意味の上で、重なるところと重ならない部分があるという関係です。

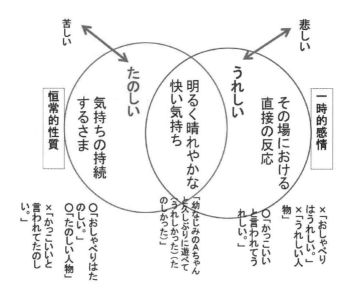

（2）対義語

　反義や対照の関係にある語は、一般に対義語と呼ばれています。
A　反義の関係にあるとされるのは、「おもて」と「うら」、「出席」と「欠席」、「ある」と「ない」など、ペアとして用いられる語です。ペアといえば「高い」「低い」が〝高さ〟という観点から一対をなしますが、〝値段〟という面では、「高い」に対して「安い」が挙げられます。語と語の関係においては、そうした関係性を生む観点、何が基準になるのかに気づくことが大切です。

B　対照の関係としては、「縦」「横」や、「山」「川」のように隣接する意味であったり、「東」「西」「南」「北」、「春」「夏」「秋」「冬」のように、三語以上が対等の関係に並ぶ例が見られます。

（3）上位語・下位語

　上位に下位が包含される関係を語の意味範囲から捉えるものです。「魚」「鳥」などが「動物」に括られ、「動物」「植物」などが「生物」に括られるような関係です。また「日本」に対して、「関東地方」「九州地方」などのように、全体と、分割した部分の関係もあります。生物学でイヌは、「哺乳綱食肉目イヌ科」の動物として系統の中に位置付けられます。しかし、日常においては、ネコやウサギと同じようにペットの範疇に入る身近な生き物といえるでしょう。身の周りにあるそれが、暮らしの中でどのように自身と関係しているかによって、上位や下位の意味付けの仕方も変わります。

＊練習問題
①②を読み、後の問に答えなさい。ここまでの学びを踏まえ、適切な用語を使って答えましょう。
①お彼岸が近づいたある日、チャイムが鳴ったから、玄関まで走っていった。「玄関にお地蔵さんが来たよー」とママに大きな声で伝えたよ。玄関まで出てきたママは「お坊さんだよ」。「あっ。間違えちゃった」（名古屋市　藤井柚月・6歳）（「朝日新聞」2019年10月19日朝刊「あのね」）
問　「お地蔵さん」と「お坊さん」を間違えたのはどうしてでしょうか。その理由を予想して答えなさい。
②小1のお兄ちゃんとパパと一緒にお風呂に入った。パパがお兄ちゃんに「リンゴは何の仲間かな？」って聞いた。するとお兄ちゃんは「くだもの」。今度はパパに僕が「じゃあ、マグロは？」と聞かれて、「おすし！」。（徳島市　森駿太・3歳）（「朝日新聞」2020年3月21日朝刊「あのね」）
問　パパが期待していた答えと、弟の答えは異なっていると考えられます。答えが異なる背景について、ことばとことばの関係から答えなさい。

3-3．語構成
（1）語構成
　ことばとことばの意味の関係を考えることは、合成語の意味を理解する上でも役に立ちます。一つのまとまりある意味を表

┌─ 関連 ─
│［知識及び技能］「語
│ 彙」
└─

し、独立した形で文法的働きをもつ、言語の最小単位のものを「語（単語）」といいます。「語」の集まりであり、ある集団や個人が使っていることばの集合が「語彙」です。また、一つのまとまりのある意味を指す場合でも、それが「声」と「歌声」では、あり方が変わりますね。「歌声」は「歌」と「声」から一語を形成し、「歌を歌う声」の意味を表しています。「声」という「単純語」に対して、「歌声」は「合成語」です。

　合成語には、「複合語」と「派生語」があり、「歌声」は「複合語」です。派生語は、接頭語が前に付いた「お茶」「無事故」、接尾語が後に付く「うれしさ」「合理的」のような類です。なお、小学校の教科書では、「複合語」とは別に「熟語」という語も用いており、「熟語」については、とくに漢字を構成要素とする漢語の例をさすことが多いようです。

（2）複合語

　複合語の構成（成り立ち）について理解しましょう。

　まず格関係という文法的な関係で成り立つ例です。

関連
『ひろがる言葉　小学国語　三下』（教育出版、R２年６月）「二つの漢字の組み合わせ」
『ひろがる言葉　小学国語　五上』（教育出版、R３年１月）「熟語の構成」

・格関係

「日没」→日が没する（沈む）こと

「帰省」→安否をたずねる（「省」の意味）ために帰ること

「読書」→書物（本）を読むこと

「美声」→美しい声

「北向き」→北に向いていること

「底冷え」→底まで冷えること

「うれし泣き」→うれしさから泣くこと

「弟子入り」→弟子として入る（入門する）こと

左の複合語と、線を引いたところとを照らし合わせながら確認すると、語と語とがどのような関係にあって、あらたな意味を形成しているのかがわかりやすくなります。

　同じ要素の重なりによる複合語には次のような例があります。

・類義関係

「草木」→草<u>と</u>木、草<u>や</u>木

「あれこれ」→あれ<u>と</u>これ、あれ<u>や</u>これや

「早速」→早、速はほぼ<u>同義</u>

「飛び跳ねる」→飛ぶ、跳ねるはほぼ<u>同義</u>

「歩行」→歩く、行くはほぼ<u>同義</u>

　・対義関係

「親子」→親と子

「浮き沈み」→浮くことと沈むこと

「前後」→前と後ろ

「白黒」→白と黒

　・重なり関係

「われわれ」→われの<u>複数</u>

「木々」→木の<u>複数</u>

「やすやす」→簡単なことの<u>強調</u>

「泣き泣き」→泣くことの<u>継続</u>

「くるくる」→軽快に回ることの<u>継続</u>

　並列の場合も、複合することでどのように意味の変化が生まれるのか、注目すると面白いものです。

(3) 派生語

　派生語は、接頭語、接尾語が付く場合のいずれにおいても造語しやすく、新しい語が次々に生まれています。

・接頭語の付く例

　和語→（お＋〜）「お茶」、（み＋〜）「み仏」

　漢語→（最＋〜）「最先端」、（超＋〜）「超満員」

　＊否定の接頭語

　　無＋〜＝存在しないこと、その状態がないこと　　「無事故」

　　非＋〜＝該当しないこと、それ以外であること　　「非論理」

　　不＋〜＝打ち消し、否定する意　　「不人気」

未＋～＝ことがらが実現していないこと　「未加入」

外来語→（アンチ＋～）　「アンチ巨人」

・接尾語の例

和語→（～＋さ）「うれしさ」、（～＋け）「寒気」

漢語→（～＋性）「可能性」、（～＋化）「固定化」

外来語→（～＋チック）「乙女チック」

3－4．語の出自・由来

類義語のところで、和語＝「くだもの」、漢語＝「果実」、外来語＝「フルーツ」の例をあげていました。これらは出自の異なる語です。「和語」は、日本の固有語をさし、漢字の読み方における訓にほぼ相当します。漢語は、古く中国から入ってきた語をさしますが、日本で作られたものも含んでいます。日本

関連

〔知識及び技能〕「言葉の働き」「語彙」「言葉の由来や変化」

『ひろがる言葉　小学国語　五下』（教育出版、R２年６月）「和語・漢語・外来語」

で独自に組み合わされた漢字熟語を区別するときには、それらを「和製漢語」といいます。和語の「かへりごと（返り事）」からできた「返事」や、近代以降、外国語の翻訳語として生まれた漢語もこれにあたります。明治初期の文学者坪内逍遥が「novel」に訳語「小説」を当てたことは有名ですね。外来語は、16世紀以降に中国語以外の外国語から借用された語をさします。現代では、外来語がおびただしく、わかりにくい外来語を漢語に置き換える提案が、国立国語研究所（「外来語」委員会）によって行われています。

発展

「「外来語」言い換え提案」

www2.ninjal.ac.jp/gairaigo/index.html

さらに、「混種語」といって、語種の異なる和語、漢語、外来語が組み合わせられている語があります。「太字」（和語＋漢語）、「ピンポン玉」（外来語＋和語）、「テレビ会議」（外来語＋漢語）などです。中には、和製外来語もあって、「アフターサービス」「テーマパーク」など、正しい英語だと信じて使うと“超ベリー・バッド”ですね。

ここで確認しておかないといけないのは、漢字二字の漢語らしいけれども、実は、和語と漢語の組み合わせになっている例です。基本的に、漢語であれば音で読み、和語は訓で読みますね。その組み合わせになっている例です。平安時代初期からこうした例がありますから、和語・漢語といった意識は薄いでしょう。

「重（じゅう）・箱（ばこ）」のように、音と訓で読む読み方を「重箱読み」、「湯（ゆ）・桶（とう）」のように、訓と音で読む読み方は、「湯桶読み」といわれて区別されます。

日本語語彙の特徴として、日常的な言語コミュニケーションのために必要となる語「基本語彙」の数が、欧米語に対してかなり多いということがいわれます。欧米語であれば、5000語で92%以上のカバー率を達成できるのに対して、同程度のカバーするためには日本語では10000語が必要とされるようです。類義語の多さや、文体による相違（（口頭表現）ぼく、俺、自分、（文章表現）私）、世代間による相違（チョッキとベスト、ちり紙とティッシュペーパー）、雅語と俗語の使い分け（鶴＝「たづ」（歌に用いる古語）と「つる」）などのあることがその理由と考えられています。

　最近の研究では、「理解語彙」と「表現語彙」に分けて調査を行うなどの試行錯誤が続いています。ちなみに、平成9（2001）年に「国立国語研究所」が、埼玉県熊谷市の小学校2校，中学校1校の児童・生徒を対象に調査し、理解語彙量が次のように発達しているという結果が得られたそうです。

　　　小学1年生　　12,175語
　　　小学2年生　　15,765語
　　　小学3年生　　19,088語
　　　小学4年生　　19,046語
　　　小学5年生　　22,309語
　　　小学6年生　　30,646語
　　　中学1年生　　32,593語
　　　中学2年生　　33,049語
　　　中学3年生　　39,502語

（「教育基本語彙の基本的研究　増補改訂版」2009）

　また、別の、大学4年生を対象とした調査では、理解語彙45000語、使用語彙が30000語という平均だったものの、理解語彙の多い人と少ない人とでは2倍以上の個人差があることも指摘されています（荻原廣「大学4年生の日本語の使用語彙は平均約3万語、理解語彙は平均約4万5千語」「京都語文」2016）。

　子どもたちの思考力と表現力の育成のために、ことばの面白さや広がりに気づかせ、確かな語彙力を育んでいきたいものです。

＊練習問題
類似する意味の関係にある語を使って様々な表現に挑戦してみましょう。
　例）「疲れがたまっていた。」を、漢語を用いた表現に変換。
　　　→　疲労が蓄積していた。
（1）「新しいこともどんどんやってみたい。」を、漢語を用いて大学生らしい表現に変換。

（2）「音楽の停止と同時に即座に近接する椅子に着座しなさい。」を、小学生（低学年）にむけた言葉遣いに変換。

（3）「Aさんはぜんぜん寝ないで家の仕事をやった。」を、漢語中心の表現に変換。

（4）「くさった組織にとても腹を立てた人たちはみんなで仕事をやらなかった。」を、新聞記事のような表現に変換。

（5）「インフラ整備にむけたフレームワーク作りのため、ポテンシャルのあるベンチャーにコミットする。」を、外来語をなくした表現に変換。

3－5．文

（1）文

「文」は言語の基本的な単位の一つです。表現、理解のための言語活動における最小の単位といえます。そこで、たとえば、「一つのまとまった内容を表し、末尾に特定の文法形式（活用語の終止形や終助詞など）を有し、話しことばでは音の切れ目があり、特殊な音調（疑問文でのしり上がりなど）が加わり、書きことばでは「。」（句点）がつく。」（『日本大百科全書』清水康行氏執筆項目）のように説明されます。

何気なく「文が下手で……。」「文が書けなくて。」といったときに、「文章」との区別を意識しているという人は少ないと思いますが、このテキストでは、「文章」を構成する単位として「文」という語を使っていきます。

もちろん「雷！」という音声で発せられる一語だけの文もありますが、文法の学習、書くための学習において用いる「文」という捉え方です。

「H29 小学校学習指導要領 国語編」〔知識・技能〕では、第1学年第2学年において、文の中における「主語と述語との関係」に気付くこと、第3学年第4学年では、主語・述語のほかに、「修飾と被修飾との関係、指示する語句と接続する語句の役割」を理解すること、第5学年第6学年では「文の中での語句の係り方や語順」を理解することが掲げられており、文の構造を理解していくことが段階的に扱われていることがわかります。こうした学習を、子どもの表現する能力を高めていくことにつなげていく必要があるというわけです。

（2）文の分類

①述語による分類

　文を構造上からみたときに、述語のあり方を基準として分類することができます。とくに、述語の品詞を基準としているのが次の例です。

・何がどうする　/　何がある・いる　（動詞文）

・何がどうである・どんなだ　（形容詞文）

・何が何だ　（名詞文）

「何がある・いる」を別に立てている教科書も見受けられますが、基本、このかたちも動詞文に入ります。

＊練習問題

次の文が何文にあたるのか、<u>主語</u>と<u>述語</u>に線をひいてから答えましょう。

１．花が咲く。

２．花がきれいだ。

３．その花はアジサイだ。

４．花がきれいに咲く。

５．花が咲いている庭はきれいだ。

６．その花は私のお気に入りだ。

７．私のお気に入りの花がその庭にある。

②意味内容・伝達目的による分類

　単に「先生。」とだけある文。前後から読み取らなければ、これも何を伝えたいのかやはり不明です。「先生が来た！」「あれは先生なの？」「先生、ちょっと用事があります。」など、さまざまな場面が考えられ、伝えたい内容や目的が変わるからです。文の性質を基準とした分類で、次は、そのような性質（意味基準）が明確な例です。英文法の学習でも聞いたことがあると思います。

　　例）わたしは学生だ。　平叙文（判断文）

　　　　あなたは何歳です<u>か</u>。　疑問文（質問文）

　　　　<u>ああ</u>、疲れた<u>なあ</u>。　感嘆文（詠嘆文）

　　　　話しをする<u>な</u>。　命令文

　　　　晴れ<u>てほしい</u>。　願望文

　　　　<u>あのう</u>、そこの人。　呼びかけ文

　これらの文には、もっぱら口頭で使う表現がありますね。大学生の提出レポートなどで、「ことばの意味の把握は難しいな<u>あ</u>と思う。」と書いてあったら、私はちょっとキツイなあと感じます。「難しいと思う。」や「難しい。」ならよいのですが。そのためすぐに赤ペンで「なあ」を消します。レポートに、感嘆文の口頭表現を用いて書く必要があるかということをよく考えていただきたいと思います。

③叙述関係による分類

　文において、主語と述語の関係がいくつあって、それがどのように構成されている
のかという点からみた分類です。大きく単文と複文の二種分ける見方もありますが、
ここでは複文をさらに重文と複文に分ける三分類にそってみていきます。

　　　例）ア　白い<u>花が</u>　<u>咲いた</u>。　単文
　　　　　イ　<u>友人は</u>　<u>教師で</u>、その<u>兄は</u>　<u>警察官だ</u>。　重文
　　　　　ウ　妹が植えた<u>花は</u>　<u>ナデシコだ</u>。　　複文
　　　　　エ　<u>子どもは</u>　犬が掘った穴を<u>見つけた</u>。　複文

　「単文」は、一つの、主語・述語の関係があるものです。アの例は、「花が（主語）
―咲いた（述語）」という主語と述語の関係です。

　「重文」は、二つ以上の主語・述語の関係があり、それらが並列的な関係にあるも
のです。イは、「友人は（主語）―教師で（述語）」と「兄は（主語）―警察官だ（述
語）」という、二つの主語・述語の関係を作る節があり、この例文ではどちらも対等
な関係です。

　「複文」は、二つ以上の主語・述語の関係を作る節があり、一方が他方に従属する
関係にあるものです。ウは、全体の意味のあり方からみて、骨組みとなる主語と述語
は「花は（主語）―ナデシコだ（述語）」です。そのほかに「妹が（主語）―植えた
（述語）」という主語と述語の関係があって、この主語・述語関係が、「花」を詳しく
説明するという関係です。

　エは、「子どもは（主語）―見つけた（述語）」という文の骨組みとなる主語と述語
のほかに、「見つけた（述語）」対象（何を）にあたる「穴」について、どういう「穴」
なのかが、「犬が（主語）―掘った（述語）」という主語と述語の関係で説明するとい
うかたちです。

　ウの「妹が植えた花はナデシコだ。」（13字）は、「妹は花を植えた。その花はナデ
シコだ。」（18字）と同内容ですが、文字数は異なります。文字数を減らさなければ
ならないというような時などにも、2文を1文に、あるいは1文を2文にするなどの
書き換えが自在にひらめくとよいですね。

＊練習問題
「私は公園を散歩した。」というのは単文です。この文をもとに、重文、複文（「私」を
説明する主語・述語関係をもつ例、「公園」を説明する主語・述語関係をもつ例）を、
それぞれ作りなさい。

　　重文＝私は公園を散歩し、（　　　　　　　　　　　　　　）。
　　複文1＝（　　　　　　　　　　　）私は、公園を散歩した。

複文２＝私は、（　　　　　　　　　　　　）公園を散歩した。

3−6．文の組み立て

（1）文節

　「文節」というのは、日本語の言語単位の一つです。文を分

┌関連─────
〔知識及び技能〕「言葉
の働き」「文や文章」

解してみましょう。その時に、一定の意味をもち、音声上の切

れ目がないというところで、できるだけ細かく句切った単位が文節です。文節は、そ

れだけで意味をもつ一語から成る場合と、それだけで意味をもつ一語ともたない一語

から成る場合とがあります。

　一定の意味をもち、音声上の切れ目がない、ということを簡単に確かめるやり方と

して、文の途中で相手に念を押すように、「ネ！」や「な！」をいれ、文末は「ヨ」

で締めくくるということを中学生の時に試みませんでしたか。

　　　例）わたしはネ友だちとネ学校へネ行くヨ。

　　　　　わたしのネ学校はネ千葉にネあるヨ。

　ここで注意しておきたいのが、次の例文です。

　　　　　弟は家で寝ている。

　この文の「寝ている」を、どのように「文節」に分けるのかという点が問題です。

「寝ているヨ」とした人、「寝てネいるヨ」のように考えた人と分かれるでしょう。この

場合の「いる」が単独で意味をもつのかどうかと考えながら答えた人は、とてもこと

ばに敏感だと思います。この「いる」は、前に来る語の意味（寝るという状態）の継

続を表していますね。このような語は前の語に対して補助的な意味を添えていること

になります。単独の文節にはしないという立場もありますが、今回は一つの文節とし

て捉えていくことにします。

　同じように、前の語に対して補助の関係にあると捉えられる例をいくつか挙げま

す。

　　　夏休みである。　　　→　　夏休みでネあるヨ。

　　　静かである。　　　　→　　静かでネあるヨ。

　　　難しく（は）ない。　→　　難しく（は）ネないヨ。

　　　連絡してほしい。　　→　　連絡してネほしいヨ。

　　　書いてください。　　→　　書いてネくださいヨ。

それだけで意味をなさない「ある」「ない」や、前の語の最後が、「は」「て」といっ

た形をとることができるという例に注意しておくとよいでしょう。

(2) 文節相互の関係

　文を構成する文節（あるいは語）が、文においてどのように働き、どのような意味を示しているのかという、文における成分を考えていく中で文節相互の関係を捉えていきます。

―関連―
『ひろがる言葉　小学国語　三下』（教育出版、R２年６月）「文の組み立て」

①主述関係＝主語と述語との関係

　基本、主語と述語は文において一対をなしており、文の一次的な要素です。主語で示される「もの」について述語でその属性をのべるという機能をもちます。両者の関係を主述関係といいます。

　　　彼は　走った。（何がどうする）

　　　彼は　勇敢だ。（何がどんなだ）

　　　彼が　友人だ。（何がなんだ）

　　　彼の自転車が　ある。（何がある、ない）

②補充の関係＝述語と、述語の不完全な意味を補う語句との関係

　文において、述語を補って説明する文節と述語との関係を補充の関係といいます。述語を詳しく説明するというのは、

　　　彼を　助ける。　彼に　渡す。　彼から　逃げる。　彼と　そっくりだ。

のように、述語の意味を考えた時に、主語以外に述語が必要とする内容を示すということです。「助ける」という述語を見ると、いったい誰が（主語）誰を（目的語）助けるのか、と考えますよね。ヲ格（〜を）＋述語、二格（〜に）＋述語、カラ格（〜から）＋述語、ト格（〜と）＋述語の形になるのが通常です。

③修飾・被修飾語の関係＝修飾語と被修飾語の関係

―関連―
『ひろがる言葉　小学国語　四上』（教育出版、R３年１月）「修飾語」

　文において、ある語が他の語を限定的に修飾する関係をもつばあいに、修飾する語を修飾語、修飾されるがわの語を被修飾語といいます。その両者の関係が修飾関係です。修飾される語の性質によって、

　　　外の　空気が　冷たい。　＝「外の」が、各詞句（体言）の「空気」を修飾する連体修飾

　　　肩が　激しく　痛む。　　＝「激しく」が、「痛む」など、主に用言を修飾する連用修飾

のように分けます。この関係では、上の例の場合、「外の」が修飾語で、「空気」が被修飾語、下の例の場合、「激しく」が修飾語で、「痛む」が被修飾語です。

④並立の関係＝ふたつ以上の文節（語）が対等に並んでいる関係

　文において、語と語が対等の意味の働きをしている場合の文節相互の関係です。

趣味は　ゴルフと　スキーと　読書です。

この例の「ゴルフ」「スキー」「読書」は、「趣味」という点でどれも対等であり、並立しています。

⑤補助関係＝述語の後に続いて、補助的な意味を添える関係

　文節の説明のところで、補助の関係について取り上げました。他の用言に付いて付属的な意味を添える働きをしています。

　　　次のオリンピックの開催地はイギリスで　ある。

「イギリスで」と「ある」が補助の関係です。「イギリスだ。」とは意味のあり方が少し違いますね。「ある」は、そうした状態にあるという点を付け加えています。

⑥独立の関係＝それだけで独立している文節

　文中にあって、その文節（語）が独立性をもっており、意味の上で切り離すことができる場合です。切り離すことができる文節（語）のことを独立語といいます。

　　　田中さん、たいへんです。

　　　さあ、急げ。

　　　不要不急、それが問題だ。

　線を引いた語が、独立語に相当します。

　以上のように、文において、文節（語）がどのような意味や働きをもっているのかを考えていくと、そこに、主語、述語、修飾語、目的語、独立語のなどの要素を見つけることができます。こうした要素を「**文の成分**」といいます。

＊練習問題

文の構成における、文節と文節の関係を答えなさい。

ア　コーヒーに　砂糖と　ミルクを　入れる。

　①「コーヒーに」と「入れる」の関係

　②「砂糖と」と「ミルクを」の関係

イ　はい、わかりました。

　③「はい」と「わかりました」の関係

ウ　大きな　桃が　川上から　流れて　きた。

　④「大きな」と「桃が」の関係

　⑤「流れて」と「きた」の関係

エ　赤い　傘を　さした　子が　歩いて　いる。

　⑥「笠を」と「さした」の関係

　⑦「子が」と「歩いて」の関係

3-7. 文変換力を高めよう

　文の組み立てを構造的に考えることで、正確でわかりやすい文を書く力を高めることができます。文においてどこに読点を打つのがよいか、悩むということはありませんか。読点の打ち方も、文の意味を構造的に考えることにつながります。小学4年生の教科書（以下は「ひろがることば　小4上」教育出版）で、文の意味のあり方を考えさせながら、読点の位置を指導する内容があります。

関連
『ひろがる言葉　小学国語　四下』（教育出版、Ｒ２年６月）「点（、）を打つところ」
『ひろがる言葉　小学国語　六上』（教育出版、Ｒ３年１月）「主語と述語の対応をみる」

「先生が時計を見て実験をしている生徒をよんだ。」

この文は、二通りの意味が考えられます。

(1) 先生が時計を見て、実験をしている生徒をよんだ。

(2) 先生が、時計を見て実験をしている生徒をよんだ。

このように、点（読点）を打つところによって意味が変わってしまうことがあります。点の打ち方に注意するようにしましょう。

　これは、「時計を見て」（述語）に対する主語が誰なのかが、読点の打ち方によって変わるということを考えさせる例です。

　読点を適切に打つことで、（1）は「生徒」、（2）は「先生」が主語であることがはっきりしますね。なお、（1）については、「時計を見て実験をしている生徒を先生がよんだ。」のようにすれば、ことばの位置を変えることで、読点を打たなくても、正しく意味の伝わる文になることもあわせて指導したいものです。

　また、小学校の教科書では、文の成分を、組み立て図として構造的に示しながら考えさせる方法がとられています。

　主語と述語が骨組みの中心になっていること、修飾語が何に対して説明を加えているのかが、視覚的に理解できるようになっています。

　文の成分を考えながら、自分の書いたものを見直すと、その間違いに気付いたり、よりわかりやすい文に直したりできます。次は、ときどき見かけるねじれた文です。

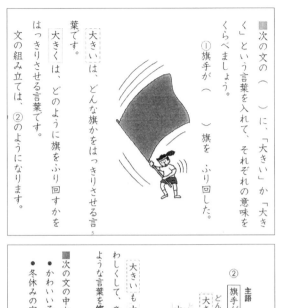

次の文の（　）に、「大きい」か「大きく」という言葉を入れて、それぞれの意味をくらべましょう。

① 旗手が（　）旗を　ふり回した。

大きいは、どんな旗かをはっきりさせる言葉です。

大きくは、どのように旗をふり回すかをはっきりさせる言葉です。

文の組み立ては、②のようになります。

②

主語				述語

旗手が　――　どんな　大きい　何を　旗を　――　ふり回した。

大きく　どのように

大きいも　大きくも、あとに続く言葉をくわしくして、意味をはっきりさせます。このような言葉を修飾語といいます。

次の文の中から、修飾語を見つけましょう。
● かわいい子羊が元気に牧場を走り回る。
● 冬休みの宿題に、一生けんめい取り組む。

（「ひろがることば　小4国語」教育出版）

①この本では、歴史を大きく変化させた出来事や文明が、年代順にいきいきと描いています。

②私が大切にしていることは、大学生として幅広い年齢層の人との交流を大切にし、コミュニケーション力を高めることと、社会に出たときに恥ずかしくない教養を身につけなければならないことだと思います。

まず、①の主語と述語を探してみましょう。主語は「出来事や文明が」、述語は「描いています」ですが、これでは対応しませんね。「出来事や文明が～描いてかれています」にならないとおかしいです。あるいは、他の修正の仕方として、「この本では～描いています。」という関係にするために、「歴史を大きく変化させた出来事や文明

が を
「<u>が</u><u>を</u>」のように、修正するのもよいでしょう。

　②は、いろいろと厄介な点が多いです。まず主語の「大切にしていることは」と、述語「思います」が対応しません。「〜ことは」で始まるこの文は、通常、「〜ことは〜ことです」という名詞文にしなければなりません。そうなると、「大切にしていることは〜高めることと、〜身に付けなければならないことです。」ですが、まだ違和感があります。というのも、意味を考えた時、「大切にしている」は、現在の状態を示すのに、「身につけなければならない」という、これから先に課していく義務として表しているところです。そのため、「身につけなければならないことです」ではなく、「身につけることです」がよいでしょう。さらに言えば、「大学生として」がどこを修飾しているのかが曖昧です。最終的な修正案としては、

　②大学生として私が大切にしていることは、幅広い年齢層の人との交流を大切にし、コミュニケーション力を高めることと、社会に出たときに恥ずかしくない教養を身につけることです。

　②大学生として私は、幅広い年齢層の人との交流を大切にし、コミュニケーション力を高めることと、社会に出たときに恥ずかしくない教養を身につけることを大切にしています。

などが妥当でしょう。

　自分が書いた文章を推敲するときに、自分の考えが正確に伝えられているか、文の成分を捉えながらしっかりと見直して、適切に書き直していく力を身につけたいものです。

＊練習問題
１　次の文には、修飾関係（修飾語と被修飾語）に曖昧なところがあります。その曖昧になっている修飾語をそれぞれ答えなさい。
（１）お気に入りの桜の木の植えられた公園に毎日通った。
（２）彼の飼っている犬は執拗に動き回る羊の群れを柵の中に追い込んだ。
２　次の文の成文を組み立て図にして示しましょう。
（１）大巌寺には、昔から不思議な伝説が残っている。
（２）わたしは、ラジオを聞きながら歩いている老人を追い越した。
３　次の文を、正しい文に改めなさい。
（１）私が自覚したことは、先生の指示通りに活動するのではなく、われわれ生徒が自主的に運営する生徒会にしなければならないと思う。

3−8．品詞

(1) 品詞

「品詞」ということばを聞くと、いやな記憶しか無いという人が多いのでしょうか？これまで、「好き」とか「大好き」という人にあまり出会えていないような気がします。それというのも、「品詞」の勉強は、「○○」は動詞、「△△」は形容詞のように、ひたすら覚えなくてはいけないと思ってきたからなのかもしれません。それは残念なことです。そもそもは、品詞が、文における文節の役割と密接に関係しながら、語の形態や機能、意味といった性質から分類されたものであるということを知っておけば、それほど煙たがらなくてもよいのではないでしょうか。ここではいわゆる学校文法（規範文法）に基づいて説明していきます。

> 関連
> 〔知識及び技能〕「言葉
> の働き」「語彙」「文や
> 文章」

- 品詞＝語を形態・意味・働きなどの上から分類した区分け。
  それだけで文節となることが

  できる ➡ 自立語

  できない ➡ 付属語

- 語形が変化（＝活用）するもの
  例 「咲く」
  さ<u>か</u>ない
  さ<u>き</u>ます、さ<u>い</u>た
  さ<u>く</u>
  さ<u>く</u>とき
  さ<u>け</u>
  さ<u>こ</u>う

  変化しない部分「さ」 ➡ 語幹

  変化する部分 ➡ 活用語尾

3−6で「文節」について取り上げました。文節は、それだけで意味をもつ一語（**自立語**という）から成る場合と、それだけで意味をもつ一語（「自立語」）ともたない一語（**付属語**という）から成る場合とがあるということでした。文中の文節は、後者の「自立語＋付属語」から構成されているのがほとんどです。

語を自立語と付属語に分けた後、さらにそれぞれの語について、活用があるのか無

いのかをみていきます。**活用**というのは、語形の変化が見られるかどうかです。たとえば「書く」について、「書か—ない」（未然形）、「書き—ます」（連用形）、「書く」（終止形）、「書く—とき」（連体形）、「書け—ば」（仮定形）「書こ—う」（命令形）のように、付属語をつけて声に出して言ってみたことがありますね。「書く」について、変化しない「か」の部分を**語幹**、この「か」の後に付いて、「か」「き」「く」「け」「こ」のように変化する部分を**活用語尾**といいます。

（2）活用のある自立語（用言）

　自立語で活用のあるものを、「用言」といいます。用言は、文における成文として、単独で述語になることができるものです。そして、述語になった際に、その語の活用のあらわれ方と意味機能によって、動詞、形容詞、形容動詞に分けられます。

　①「動詞」は、一括すると「〜（どう）する」ということができるように、ある事態の行為的な側面を表しています。活用は、終止形（言い切りの形）がウ段で終わります。その動詞の中では、さらに、その動作や作用が、動作主のものなのか、動作主以外の他の対象を持つかで、各々、前者が自動詞、後者が他動詞という区別ができます。

　・自動詞と他動詞で対応する関係の例

　　　　固まる—固める　焼ける—焼く

　　　　消える—消す　育つ—育てる　など

また、動詞の中には、その語の中に、可能の意味を含んだ可能動詞と呼ばれるものがあります。

　・動詞とその可能動詞の例

　　　　書く—書ける　　立つ—立てる

　　　　解く—解ける　　飛ぶ—飛べる　　など

この可能動詞の例からの推測で、「見れる」「食べれる」と使う人がいるようですが、これは誤用です。正しくは「見られる」「食べられる」と使わなければなりません。

　②形容詞・形容動詞

　現在の事態がどういう状態なのか、を意味する語です。「〜（どう）である」とまとめられます。学校文法では「形容詞」と「形容動詞」を区別していますが、区別しないという考え方もあります。区別する目安として、形容詞は終止形が「〜い」、形容動詞は終止形「〜だ」になると覚えておくのがよいでしょう。

　　　　　暖かい　　暖かだ　　暖まる　　暖める

と、似たような語があります。このなかで、「どうする」という動詞に該当するのは

「暖まる」「暖める」。「暖まる」に対し、「暖める」は、「部屋を暖める」のように、動作主以外の対象をもちます。ですから、同じ動詞でも自動詞「暖まる」―他動詞「暖める」に分けられます。一方、「暖かい」「暖かだ」はいずれも「どうである」に該当します。終止形からみて、「暖かい」は形容詞、「暖かだ」は形容動詞に分けられます。

　ちかごろ「きれいくない」ということばを耳にすることがあります。なるほどとは思いますが誤用です。なるほどというのは、「きれい」を「小さい」（形容詞）と同じようにとらえて、「小さく・ない」のように活用させたのだろうということです。しかし、「きれい」は漢字で「綺麗・奇麗」と書くように、それで漢語です。「きれいだ（綺麗だ）」ということがありますね。つまり、終止形が「だ」の形容動詞ですから、「きれいだ」を否定したいときには、連用形「綺麗で・ない」としなければなりません。

　ついでになりますが、「違くて」と使う人をよく見かけます。「最近気になる放送用語」としてさまざまな誤用について説明されているサイトがありますので参照して下さい。
{NHK放送文化研究所，https://www.nhk.or.jp/bunken/summary/kotoba/term/045.html}

（3）活用のない自立語
①体言・名詞
　自立語で活用のない語については、文の成分として、主語になっていく場合と、主語にならない場合にまず分けられます。主語になっていく語は「体言」と言います。そして、体言を構成する語の品詞は「名詞」です。
②連体詞・副詞
　主語とならない場合、修飾語になるものと、ならないものにさらに分けられます。修飾語になるものは、連体詞と副詞の二種類。連体詞は体言を修飾するもの、副詞は用言を修飾するものです。

　　　大きい・車　　　大きな・車
この「大きい」「大きな」の二語の区別はできますか？　「大きい」は終止形「〜い」ですから形容詞だと考えますね。連体形も「〜い」で同じです。しかも「車は大きい」のように、文においては述語にもできる語です。「大きな」はどうでしょうか。さきほどの「きれいな」（形容動詞）と似ています。しかし、「きれいな」を「きれいだ」と言うことはできても、「大きだ」と言うことはありませんので、形容動詞の仲

間にはしません。「大きな」はひたすら体言を修飾するだけですから、連体詞ということです。似たような紛らわしい語については、その語の活用や、文における成文を考えてみましょう。

用言を修飾する、「ゆっくり・歩く」の「ゆっくり」のような副詞は、どのように「歩く」のかを意味します。このような副詞は用言の情態を説明するものです。「雨が<u>しとしとと</u>降る」「ライトが<u>ピカピカ</u>光る」の「しとしとと」「ピカピカ」といった擬態語も副詞ですね。副詞は、「<u>とても</u>よい」「<u>かなり</u>小さい」のように程度を意味するものや、「<u>たぶん</u>〜するだろう」のように、一定の意味とつながりをもつもの（陳述の副詞、呼応の副詞などと呼ばれる）にわけることができます。

③接続詞・感動詞

自立語で活用がなく、主語にも、修飾語にもならない語は、接続詞か感動詞ということになります。接続詞は、「コーヒー<u>または</u>紅茶」のように語と語を繋ぐ場合、「時間がかかるし、<u>それに</u>お金もかかる」のように、文節と文節を繋ぐ場合、「<u>なぜなら</u>、今日は雨だからです。」のように前の文との関係を示す場合があります。

感動詞は、感嘆詞、間投詞とも呼ばれます。文においては、それだけで独立することができる独立語です。「<u>いいえ</u>、そうではありません。」「<u>長谷川さん</u>、助かりました。」などがあります。

（4）付属語

単独ではなく、必ず自立語に付いて、文節を作るのが付属語です。付属語は助動詞と助詞の二種類です。活用のあるのが助動詞、活用のないのが助詞です。

助動詞は、たとえば「子供に教え<u>られる</u>。」の「られる」は、「教える」という事態がどのようなあり方なのか、意味を示します。この例は、「子供から教えられる」という受け身なのか、「子供に対して教えることができる」という可能の意味なのか、前後の文脈から考えないといけませんね。あるいは、話し手の判断や態度を示す例もあります。「教え<u>たい</u>。」「教え<u>ない</u>。」であれば、前者は希望を示し、後者は否定を示します。

助詞は、語と語との関係を構成するところに用います。同じ「が」であっても、「わたし<u>が</u>話します。」「一生懸命に走る<u>が</u>、間に合わない。」のように、文における主語を示すのに働いたり、その文節が後の文節に対して逆接の関係にあることを示したりするなど、文におけるその文節のあり方によって、機能は異なります。

自立語

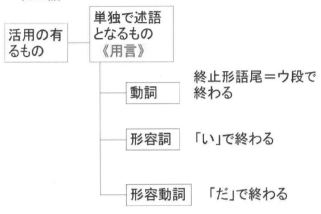

活用の有るもの ─ 単独で述語となるもの《用言》

動詞　　　終止形語尾＝ウ段で終わる

形容詞　　「い」で終わる

形容動詞　「だ」で終わる

自立語

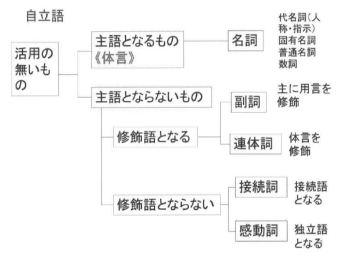

活用の無いもの

主語となるもの《体言》 ─ 名詞　　代名詞（人称・指示）固有名詞 普通名詞 数詞

主語とならないもの

修飾語となる ─ 副詞　　主に用言を修飾

連体詞　体言を修飾

修飾語とならない ─ 接続詞　接続語となる

感動詞　独立語となる

付属語

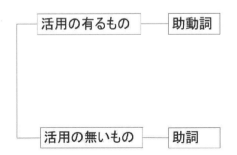

活用の有るもの ─ 助動詞

活用の無いもの ─ 助詞

　以上のことを考えながら、学校文法で学ぶ品詞分類の表を見直しておきましょう。

　品詞名は、「H29　小学校学習指導要領　国語編」〔知識・技能〕第5学年第6学年の、「文の中での語句の係り方や語順」を踏まえて、中学校第１学年の「単語の類別について理解する」という中で具体的に学習します。小学校では、その前の段階として、文における語のあり方を確かめる学習があります。

■次の——線の言葉の種類を考えましょう。

ア　漢字の正しい読みを調べる。
イ　漢字を正しく読み、正確に書く。

ウ　なつかしむ気持ちがわいてきた。
エ　なつかしい気持ちがわいてきた。
オ　なつかしさがわいてきた。

カ　スープを温める。
キ　温かなスープ。
ク　温かいスープ。

ケ　自然を大切にする。
コ　自然にもとにもどる。

「ひろがる言葉　5下」言葉の種類

　同じ「読み」であっても、アの意味は、「読み方」です。ですから、「読みは正しい」のように、主語にすることができます。イの、「正しく読み」は、「正確に書く」と並列する内容ですから、「正しく読む」ということができます。

　ウの「なつかしさ」は、主語になっていますね。イの「なつかしい」は言い切りの形も「なつかしい」で、「小さいころに遊んだ海がなつかしい」のように使っていくことができます。ウの「なつかしむ」の言い切りの形は「なつかしむ」です。「あのころをなつかしむ」と言うことができます。

　カの「温かいスープ」は言い切りが「温かい」で、「スープは温かい」とも言えます。エ「温かなスープ」の場合は、「温かい」と同じく用言ですが、「スープは温かだ」というのと同じです。ク「温める」は、そのような状態にすることですね。「〜する」の仲間です。

　ケ「自然を」の「自然」は活用はありませんね。「自然は大切です」のように使えることばです。コの「自然に」は、文において、「もとにもどる」のが手を加えないでそうなっていく、という意味を表しています。「もとにもどるのは自然だ」というのと同じです。さらに、サとして、「自然ともとにもどる」を加えてみましょう。こ

の「自然と」は、「もどる」（用言）を修飾する役割をします。

＊練習問題
助詞「で」については、文における働きを、次のア～エのように捉えることができます。

    ア　自転車で学校へ行く。　　　　　＝手段
    イ　運動会が雨で中止になった　。　＝原因
    ウ　図書館で勉強しよう。　　　　　＝場所
    エ　映画の上映は今日で終わりだ。　＝時限

後の①～④について、ア～エのなかから同じ働きをするものを選びなさい。

    ①友だちと公園で遊ぶ。　　　　＝〔　　　　〕
    ②満腹で眠くなった。　　　　　＝〔　　　　〕
    ③半年で集中力が身についた。　＝〔　　　　〕
    ④外国人観光客に英語で話しかけた。＝〔　　　　〕

3－9. 文の約束を知って、正しい文を書く

> 関連
> 〔知識及び技能〕「言葉の働き」「語彙」「文や文章」

　「見れない」や「違くて」は、語を用いる時の約束が守られていない例です。また、「この野菜は全然食べられる。」のような場合は、語の約束が文全体に及ぶのに、それが守られていない例です。副詞「全然」は、「まったく」と同じで、「全然～できない」としなければなりません。否定の辞を伴うという約束があるのです。「全然食べられる」と使っている人は、「問題なく食べられる」「十分に食べるに値する」という意味で使っているのかもしれませんが、誤用です。

　次の例を考えましょう。

（1）授業の終了時間になっていたので、まさか意見を求められるはずだと思っていた。

（2）明日の発表のための資料作りは、今から始めればとうてい間に合うに決まっている。

（3）サッカーの話をしないからといって、あながちスポーツ嫌いだといえるかもしれない。

　これらはおかしな文の例です。理由を述べながら、正しい文に変えていけるでしょうか。

　（1）の「まさか」は、どう考えてもそのような事態は起こりそうにないという気持ちを表す語です。下に否定的表現を伴わなければなりません。よって、「授業の終

了時間になっていたので、<u>まさか</u>意見を求められる<u>とは</u>思わ<u>なかった</u>。」となるでしょう。

（２）の「とうてい」は、「どうやったところで」の意味で、下に否定的表現を伴わなければなりません。修正すると、「明日の発表のための資料作りは、今から始めても<u>とうてい</u>間に合わないに決まっている。」となります。

（３）の「あながち」は、「必ずしも」「一概に」の意。全面的に断定できないという話し手の気持ちを表します。下に打ち消しを伴います。そうすると、「サッカーの話をしないからといって、<u>あながち</u>スポーツ嫌いだとはいえないかもしれない。」となります。

ことばは時代とともに変化していくものですが、指導する立場の者として、日本語を正しく理解しておきたいですね。

＊練習問題

（　　　）にはいる副詞を後の語例から選びなさい。ただし、同じ語を２回以上あてはめることはできません。

①マラソンは、（　　　　）やりたいとは思わない。

②（　　　　）成功したとしても、気を抜いてはいけない。

③（　　　　）わたしに本当のことを教えて下さい。

④これだけよい天気ならば（　　　　）雨は降るまい。

⑤山口さんは（　　　　）明日の試験に合格するにちがいない。

⑥20年ぶりなので、（　　　　）会いたい。

⑦それは（　　　　）正義だろうか。

> きっと　少しも　ぜひ　たとえ　どうか
> はたして　よもや

3−10. 敬語

（1）待遇表現・敬意表現

「待遇」ということばは、「あそこのレストランは待遇がよかった」などと使いますね。いわゆる「おもてなし」に近い意味です。ただし、「待遇表現」というときには、人間関係のあり方に応じて異なる言語表現のことで、必ずしも「おもてなし」のように、好ましいものばかりではなく、相手を貶める表現も広く扱って考えられています。「あの人」を「あいつ」などというのは、その貶める言い方の一例ですし、「あの方」は敬意の度合いが高いということになります。「〜だ。〜である。」の常体に対して、「〜です。〜ます。」の敬体というのは、文体の上でのあらわれ方です。

小学校において学習の対象となるのは、「敬語」です。同じ内容であっても、場面に応じて、敬意や丁寧さを含む表現に変えていくことを学びます。近年は、「敬語」を包括した、「敬意表現」という考え方が示されています。2000（H12）年12月の文化庁第22期国語審議会の答申（「現代社会における敬意表現」）において、

関連
〔知識及び技能〕「言葉の働き」「語彙」「文や文章」「言葉遣い」
『ひろがる言葉　小学国語　五上』（教育出版、R3年1月）「敬語」
『ひろがる言葉　小学国語　六下』（教育出版、R2年6月）「敬意を表す言い方」

　　・敬意表現とは、コミュニケーションにおいて、相互尊重の精神に基づき、相手や場面に配慮して使い分けている言葉遣いを意味する。
　　・それらは話し手が相手の人格や立場を尊重し、敬語や敬語以外の様々な表現から適切なものを自己表現として選択するものである。

のように、現代社会のコミュニケーションを円滑にする言葉遣いの概念として提唱されました。

　その後、国語審議会を引き継いだ文化庁文化審議会国語部会が、「敬語」に関しては、「敬語の指針」（平成19年2月2日答申）を示しています。「基本的な認識」から大事な点をまとめておきます。

○敬語の重要性は次の点にある。
　①相手や周囲の人と自分との間の<u>関係を表現するもの</u>であり、社会生活の中で、人と人がコミュニケーションを円滑に行い、確かな人間関係を築いていくために不可欠な働きを持つ。
　②敬語は、人と人との「**相互尊重**」の気持ちを基盤とすべきものである。
○敬語の使い方については、次の二つの事柄を大切にする必要がある。
　①敬語は、自らの気持ちに即して主体的に言葉遣いを選ぶ「**自己表現**」として使用するものである。
　②「自己表現」として敬語を使用する場合でも、敬語の明らかな誤用や過不足は避けることを心掛ける。

さらに、重要な点としては、この答申において、これまで3種類であった「敬語」が、5種類に細分化されたことです。
　表の右側にある3種類が従来の「尊敬語」「謙譲語」「丁寧語」です。あらたな5種類は、その中の、「謙譲語」を「謙譲語I」「謙譲語II」に、「丁寧語」を「丁寧語」と「美化語」に分けた形です。

5種類		3種類
尊敬語	「いらっしゃる・おっしゃる」型	尊敬語
謙譲語Ⅰ	「伺う・申し上げる」型	謙譲語
謙譲語Ⅱ（丁重語）	「参る・申す」型	
丁寧語	「です・ます」型	丁寧語
美化語	「お酒・お料理」型	

（2）尊敬語・謙譲語Ⅰ・謙譲語Ⅱ・丁寧語・美化語

Ａ＝尊敬語（「いらっしゃる・おっしゃる」型）は、相手側又は第三者の行為・ものごと・状態などについて、その人物を高めて述べるものです。たとえば、行為等を示す動詞について、

① 居る・来る→いらっしゃる　話す　　→おっしゃる
　　する　　　→なさる　　　　食べる　→召し上がる
② 使う　　　→お使いになる　話す　　→お話になる
③ 利用する　→御利用になる　着席する→御着席になる
④ 読む　　　→読まれる　　　始める　→始められる

のように用います。①は語が変わるもの、②③は、「お～になる」と「御～になる」という一定の形で尊敬語に変わるもの、④は「れる」「られる」という尊敬の意味の助動詞を伴う形です。

　また、名詞（動作性の名詞も含む）、形容詞、副詞については、

導き　→お導き　　　出席→御出席
名前　→お名前　　　住所→御住所
忙しい→お忙しい　　立派→御立派
　　　ゆっくり→ごゆっくり

のように、「お」「御」という接頭語を伴わせます。こうした基本の形を知っておくとよいですね。

Ｂ＝謙譲語Ⅰ（「伺う・申し上げる」型）は、自分側から相手側又は第三者に向かう行為・ものごとなどについて、その向かう先の人物を高めて述べるものです。たとえば、

① 行く　→伺う　　　　　言う　　→申し上げる
　　会う　→お目に掛かる　あげる　→差し上げる
② 届ける→お届けする　　案内する→御案内する

③　（先生に）手紙を書く　　　→<u>お</u>手紙を書く

　　　（来客への）説明を担当する→<u>御</u>説明を担当する

など、この場合も、①のように語が変わるもの、②③のように、「お」「御」のように、接頭語をつける形があります。

C＝謙譲語Ⅱ（「参る・申す」型）（丁重語）は、自分側の行為・ものごとなどを、話や文章の相手に対して丁重に述べるものです。

　　①　（明日から旅行に）行く　→参ります（参る）

　　　（私は白井と）言う　　　→申します

　　　（料理を）する　　　　　→いたします（いたす）

　　　（家に）いる　　　　　　→おります（おる）

　　②　（私の）家→拙宅　（私の勤める）会社→小社、弊社

あくまで自分側について述べるものです。謙譲語Ⅰとの違いが難しいと感じるのは、平の社員であるＡさんが、「明日、課長宅に行きます」を敬語で話すような例です。

　　　「明日、課長のお宅に伺います。」

　　　「明日、課長のお宅に参ります。」

「伺います」は謙譲語Ⅰ、「参ります」は謙譲語Ⅱです。Ａさんが課長に向けて話す場面では、どちらも失礼にはなりません。しかし、Ａさんが課長ではなく、課長の上司である部長に向けて話す際は、「参ります」のほうがよいですね。「伺います」が誤りというわけではありませんが、部長に対し、あえて課長を高めて話す必要があるかどうかです。

D＝丁寧語（「です・ます」型）は、話や文章の相手に対して丁寧に述べるものです。基本は、「です」「ます」を末尾に付ける形です。さらに丁寧さの度合いが強い形としては、「（で）ございます」があります。

E＝美化語（「お酒・お料理」型）は、ものごとを美化して述べるものです。「お酒」「お料理」「お花」「お茶」「お水」など、接頭語「お」をつける形です。「花が咲いている」「水を飲む」のように、単に事柄を述べるというのではなく、たとえば児童にむけて「お花が咲いていますね」「お水を飲みましょう」などと、聞く相手への丁寧さを込めた言い方になります。

(3) 学習指導要領における取り扱い

　　敬語については、「小学校学習指導要領」（第2章　第1節　国語）の、「〔知識及び技能〕（1）言葉の特徴や使い方に関する事項　キ　言葉遣い」に扱われています。

○言葉遣い

第1学年及び第2学年	第3学年及び第4学年	第5学年及び第6学年	中学校第1学年
キ　丁寧な言葉と普通の言葉との違いに気を付けて使うとともに，敬体で書かれた文章に慣れること。	キ　丁寧な言葉を使うとともに，敬体と常体との違いに注意しながら書くこと。	キ　日常よく使われる敬語を理解し使い慣れること。	

　段階に応じて学習していきます。単に知識として学ぶのではなく、「話すこと・聞くこと」の言語活動において、全体に向けて発表したり、地域の大人にインタビューしたりという場面で、言葉遣いを意識し正しく使うようにするにはどのようにするのがよいか、子ども自身が考えながら実践的に身につけられるように指導していきます。

　また、学校の環境作りという点から、言語環境の整備も重要な課題になっています。教員の用いる言葉が、子どものお手本になるという意識をもち、適切に使用することが求められています。

＊練習問題
①から⑤について、場面ごとに、（　　　）に入れるのに適切な表現は何か、答えなさい。
①上司と食堂に行ったとき、上司の注文したものが先に届いたので、先に食べるように進めたい。「どうぞ、（　　　　　　　）」
②保護者に、以前に配ったアンケート用紙を持参してほしい、ということを通知する文書。「以前に（　　　　　　）お願い申し上げます。」
③来客が案内掲示を見づらそうにしているので、「そちらの案内は（　　　）ですね。申し訳ございません。」
④保護者が別のクラスの担任である田中先生を探していた。田中先生が保健室にいることを、保護者に伝えるのに、「ただいま、（　　　　　）」
⑤4時半で入場を締め切る施設。その時間から中に入れてほしいという来客に対して、案内できないと断る。→「申し訳ございません。本日は、（　　　　　）。」

3-11. 位相語

(1) 位相語とは

　「わたし」「ぼく」「わし」「わちき」「拙者」、いずれも自分をあらわす一人称です。このなかで、「ぼく」は男性、「わし」は年齢が高い老人、「わちき」は遊女、「拙者」は武士、というように、性別、年代・世代、職業集団、階級・階層などによって、使用する言語に違いがみられます。こうした違いのことを「位相」、位相を示すことば

のことを「位相語」と呼びます。

整理するとおおむね次のようになります。

１．社会的位相に関するもの～社会的集団性

　①性別　　　　　②世代

　③反社会的集団　④職業・専門分野

　⑤地域

２．様式的位相に関するもの～使用の場面、条件よる

　①表現様式（話しことば、書きことば）

　②伝達様式（手紙、メール、ネット）

３．心理的位相に関するもの～他者との関係性

　①忌避・美化　　②待遇意識

（『図解日本語』より）

社会的位相に関わる具体例を見てみましょう。

①性別

　男性語（ぼく、おれ、～だぜ、すまん1977、ぜってえ1995）

　女性語（あたし、～してよ、だわ、なのよ、かしら）

②世代

　幼児語（おかあたん、まんま、わんわん、ぶーぶー）

　児童語（でんでん虫、とーさん指、おっはー）

　若者語（～的には、見れる、食べれる、がん食い〈食べ過ぎ

　　2002〉、やばめ〈少しあやういこと〉、青春する、おばさんする）、

　老人語（わし）

③職業・専門分野

　　　武者ことば（敵に射させる、拙者、そこもと、お手前）

　　　女房ことば（おなか〈腹〉、しゃもじ〈杓子〉、おひや〈水〉、おいしい〈美味〉）

　　　遊女・廓ことば（わちき、おまはん、～でありんす、ざんす、ざます）

　　　警察（ホシ〈犯人〉、シロ、クロ、完落ち、半落ち、すじもの〈やくざ〉、ぶんや〈新

　　　　聞記者〉、ほとけ〈死者〉）

　　　芸能界（ルービ〈ビール1978〉、スタンばる〈待機する1978〉）

　　　飲食店（むらさき〈醤油〉、しゃり〈米〔江戸〕〉、おあいそ〈勘定〉）

　　　寄席・テキ屋（砂利〈子どもの客〔江戸〕〉）

３－11. 位相語　71

関連
〔知識及び技能〕「言葉
の働き」「語彙」「言葉
の由来や変化」（世代
による違い）（共通語
と方言）
『ひろがる言葉　小学
国語　六上』（教育出
版、Ｒ３年１月）「世
代による言葉のちが
い」

（2）方言

　上の表に組み入れるとするなら、方言は、⑤地域に関わる位相語にあたると考えることも可能でしょう。

　　ばってん（だが〔九州〕）、おおきに（ありがとう〔関西〕）、かたす（片付ける〔関東〕）、めんこい（かわいい〔東北〕）

挙げればキリがありませんが、方言というのは、このような語彙の面だけでなく、アクセントにも違いのあることはよく知られています。方言とは、地域による言葉（語彙、文法、音韻、アクセント）の相違をさします。

　小学校５年生の教科書（「ひろがる言葉」教育出版）の文章で確認しましょう。

方言と共通語

　「かくれんぼ」という遊びがあります。
　「かくれんぼ」という言い方は、東北地方や中国地方などでは「かくれご」、関東地方などでは「かくねこ」と言うことがあります。
　「かくれんぼ」のほかに、「お手玉」や「おにごっこ」なども、地方によっていろいろな言い方があります。

　お手玉……おじゃみ・あやこ・おひとつ・いしなんご・いなご

　おにごっこ……おにごと・おにくら・ぼい・やい・つかまえ

　このように、地方によってちがった言葉が使われています。ある地方だけで使われる言葉を方言といいます。これに対して、

葉だけなのでしょうか。
　次の文を＝＝線の言葉の発音に注意して読んでみましょう。

　　かき、大安売り。

　果物の「かき」か、貝の「かき」か区別できましたか。共通語では、「か」を高く発音すると貝の「かき」になり、「き」を高く発音すると果物の「かき」になります。
　このように、言葉のどこを高く発音し、どこを低く発音するかというきまりをアク

果物の「かき」

か き

貝の「かき」

かき

―― が、高く発音する所・低く発音する所を表す。

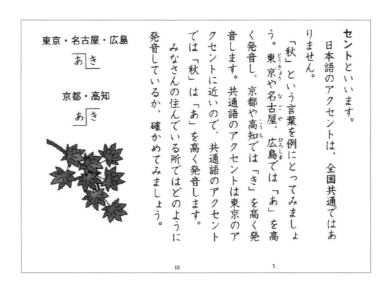

セントといいます。日本語のアクセントは、全国共通ではありません。

「秋」という言葉を例にとってみましょう。東京や名古屋、広島では「あ」を高く発音し、京都や高知では「き」を高く発音します。共通語のアクセントは東京のアクセントに近いので、共通語のアクセントでは「秋」は「あ」を高く発音します。

みなさんの住んでいる所ではどのように発音しているか、確かめてみましょう。

東京・名古屋・広島
あ｜き

京都・高知
あ｜き

10

5

　教科書において、「かくれんぼ」「お手玉」「おにごっこ」「ゆっくり」の例がありましたが、これらが方言の語彙にあたります。一方、「〜しない」「〜できない」の例が、方言の文法にあたります。アクセントとしては「秋」「柿」の例があがっていました。教科書にないのが、音韻の例です。文字では表しにくいのですが、江戸の下町で生まれ育った、いわゆる江戸っ子が、「ひ」と「し」を入れ替えて、「ひしゃく」を「ししゃく」、「しちや（質屋）」を「ひちや」というような例です。

　教科書にもありましたが、方言に対立する概念は、「共通語」です。共通語は、その国の中ではどこでも通用する言語であり、現代日本語は、東京語を基盤としています。みなさんは、よく標準語ということばを使いますが、実は、標準語というのは、規範として用いられる公用語であって、現代は存在していません。あえていえば、明治37年4月から昭和24年3月まで、教科書（国定教科書）のことばを標準語であると信じて学習していた時期がありました。実際は、東京の中流社会の用語を基準にしていたそうです。戦後、標準語と共通語が区別されるに至り、標準語には、将来作るべき理想の言語という位置づけがなされたのです。ですから、みなさんが正しく話すために学習しているのは、共通語というわけです。

　教科書に、方言や共通語が取り上げられるのは、「小学校学習指導要領」（第2章第1節　国語）の、「［知識及び技能］（3）我が国の言語文化に関する次の事項を身につけることができるように指導する」の中で、第5学年及び第6学年の内容にあたります。

第1学年及び第2学年	第3学年及び第4学年	第5学年及び第6学年	中学校第1学年
	ウ　漢字が，へんやつくりなどから構成されていることについて理解すること。	ウ　語句の由来などに関心をもつとともに，時間の経過による言葉の変化や世代による言葉の違いに気付き，共通語と方言との違いを理解すること。また，仮名及び漢字の由来，特質などについて理解すること。	ウ　共通語と方言の果たす役割について理解すること。

3-12. 学びを応用する

　　敬語、位相語、方言といった言葉の違いについて学んできま
した。違いを意識すると、物語において、登場人物がそのよう
な言葉遣いをしているのはなぜなのか、物語全体が方言で書か

関連
〔思考・判断・表現〕
読むこと「文学的な文章」（精査・解釈）

れている意図は何かなど、物語を楽しく、また深く味わうことができるでしょう。

　　小川陽さんが文にまとめた「たのきゅう」という民話があります。「たのきゅう」
は旅の役者です。旅の途中、山中で日が暮れてしまい、ほら穴で一夜を過ごすことに
なります。真夜中、ただならぬ気配を感じて目を覚ますと、目の前にとぐろを巻いた
大蛇がいたのです。続きを物語で少し読んでみてください。

「おまえは　なんだ！」
　へびに　にらみつけられ、たのきゅうは　すくみあがって　うまく　しゃべれません。
「は、はい　た、たのきゅう　です」
「なに　たぬき？しかし　どこから　みても　にんげんにしか　みえんぞ」
「わ、わたしは　にんげんに　ばけるのが　とくいで・・・」
「ほう、では　ほかの　ものに　ばけてみろ。きれいな　おひめさまが　いいな」
「で、でも　ばける　ところを　みられては　まじないが　ききません。すこしの　あい
だ　めを　とじててください」
　そこで　へびが　めを　とじると、たのきゅうは　いそいで　つづらから　おひめさま
の　かつらと　きものを　とりだして　みにつけました。
「おほほ、これで　いかがかしら」
へびが　めを　あけると、めのまえに　きれいな　おひめさまが　います。
「さすが　たぬき。うまく　ばけるものだ。では、こんどは　とのさまに　ばけてくれ」
　また　へびが　めを　とじた　あいだに、こんどは　さむらいの　かつらを　つけ、ひ
げを　つけ、じんばおりを　きて、かたなを　こしに　さし、
「さあ、どうだあ！」
と、おおみえを　きると、へびは　すっかり　かんしんしました。

たぬきと勘違いされて、化けることになったたのきゅうですが、さすが役者だけのことはあって、うまく難をくぐり抜け、このあと蛇の弱点を聞き出します。そして村人と協力して蛇を退治するという内容です。

　たのきゅうが、お姫様や殿様に化けたとき、その衣装も大切ですが、人物になりきって発する言葉も大切な要素です。姫様は「おほほ」と笑い、「いかがかしら」と言っています。上品な笑い方がわかる「おほほ」に、「どう」ではなく「いかが」という丁寧な言い方、「〜かしら」というのも、女性的な使い方ですね。子どもたちにむけて、「では、たのきゅうが〇〇に化けたとしたら」という設定で、さまざまな場合を考えさせ、自らがお話を広げていくようにするのも、お話を楽しむ方法です。

　物語では、こうした登場人物の言葉遣いの違いが、面白さを醸し出していることに気付くことができるでしょう。

＊練習問題

「たのきゅう」が、〇〇に化けたら、という設定で、物語の一部を創作してみましょう。

「「さすが　たぬき。うまく　ばけるものだ。では、こんどは　〇〇に　ばけてくれ」」
の次から、「へびは　すっかり　かんしんしました。」までの間の内容を考えます。

4．文章——文章を読解し表現すること

4−1．文章の種類

（1）文章の性質による分類

┌関連────
［知識及び技能］「文や
文章」（文章の種類）
［思考・判断・表現］
書くこと、読むこと

　「文章」という言葉は、古くは、衣服の飾り、礼楽法度、古文など、幅広い意味をもっていました。意外に思う人が多いかもしれません。みなさんがこれまで学校で学んできた、文章を読むというときの「文章」の意味とはだいぶ違っていますね。

　国語教育において、「文章」とは、文字による言語表現（口語表現ではない）であり、「それ自身完結し、統一ある言語表現」（『国語学辞典』1955，1980　時枝誠記執筆項目）の認められるもの、というとらえ方が一般的です。簡潔にまとめると、

　①単なる文の集積ではなく、<u>一貫した主題のもとで文脈が展開</u>すること。

　②前後に文脈を持たず、その中で<u>文脈が完結</u>していること。

となります（『図解日本語』第6章第3節）。ちなみに、音声による言語表現の場合、それは「談話」と呼ばれています。

　これまで見てきた、「文」「文節」「語（単語）」は、日本語を文法的なあり方から捉えるものです。この「文章」は、そうした「文」以下を包摂する単位として位置づけられているというわけです。

　さて、「文章」にはさまざまなものがあり、それらを性質から分けると次のようになります。

性質	対象	意図	例	
			韻文	散文
芸術的文章	不特定他者	言語表現それ自体	短歌　俳句　詩など	物語　小説・随筆など

実用的文章	特定不特定他者	事実の報告	報告文　記録文　レポート　ルポルタージュなど
		思想の伝達	感想文　表論文　論説文　意見文など
		知識の伝授	説明文　解説文など
	特定他者	行動の要求	要望書　陳情書　建白書　質問状など
	自己	事実や思考過程の記録	覚え書き　メモ　雑記など

(『図解日本語』第6章第3節)

　今日、何らかの名称（ジャンル）を与えられている文章は数多くありますが、それらを大きく芸術的文章と実用的文章に分け、さらにそれぞれの文章について、想定する読者（対象）、執筆の目的という観点から分類整理されています。

　芸術的文章は、大きく「韻文」「散文」に分けることができます。「韻律」の有無がそのポイントです。

・韻文＝韻律、形式、字数などの一定の規律に従って書かれた言語表現のこと。修辞が重視される。

・散文＝韻律を持たない文章形式。

「韻律」は、伝統的な文学形式に固有のものです。次に具体的にみていきます。

(2) 韻文

　「詩」といえば、ポエムを頭に思い浮かべると思いますが、元来、「詩」といえば、それは中国の「漢詩」のことでした。この漢詩には、平仄、韻脚などのきまりがあります。「平仄」という、漢字のもつ音の高低を利用して、一定の調子を設けたり、「韻脚」という、節目に同音の響き（韻尾）をもつように漢字を選択するというものが、いわば「韻律」の「韻」にあたるものです。漢詩は、唐の時代にその形式が確立され、それをとくに近体詩といいます。近体詩では、五言、七言のように、使う漢字の数が五文字、七文字という決まりであったり、そのひとまとまりの句の数によって、四句であれば絶句、八句であれば律詩とされます。組み合わせによって、五言絶句、七言絶句、五言律詩、七言律詩となります。

　「律」は、音数律のことで、この音節の数の違いが、我が国の「短歌」「俳句」などのジャンルを分けています。音節の数が文字の数でないこと（促音、撥音、は一音節。拗音は音節に数えない）は、前に学習したとおりです。

　　　短歌の音数律　＝5・7・5・7・7

　　　長歌の音数律　＝5・7・5・7・5・7・（5音7音を繰り返す）・5・7・7

俳句の音数律　＝５・７・５　　　＊季語をもつ。
川柳の音数律　＝５・７・５

五音と七音の組み合わせが基本です。伝統的な俳句では、季節の指標となる「季語」
と呼ばれる語が詠み込まれます。

　一定の形式といったときに、漢詩ではない「詩」においても、明治期には、七五調
のものが作られ、それらは新体詩と呼ばれました。明治末に口語を用い、定型ではな
い詩（口語自由詩）が作られたので、それまでの新体詩をさして、文語定型詩と呼ん
でいます。

(3) 散文

　散文に括られる文章のジャンルには、「物語」「小説」「随筆」「紀行文」などがあり
ます。前者の「物語」「小説」は基本的にフィクション、「随筆」「紀行文」はノン
フィクションです。

　「物語」や「小説」は、歴史的な経緯があるため、並列的に扱うのは難しい用語で
す。違いを際立たせると、

　・物語＝作者の見聞、想像を基礎とし、人物・事件について叙述した散文の文学作
　　　　品。
　　　　平安時代に発生した文学様式であり、狭義には、室町時代までに成立したも
　　　　の。

　・小説＝ novel の訳語として用い、物語から発展した散文をさす。モデルの有無
　　　　を問わず、作者の想像力によって構成された文章世界。

ということになるでしょう。歴史的な経緯という点で、「童話」の定義も同様です。

　・童話＝児童文学の一ジャンル。明治以前より、主に昔話をさしていた。1918
　　　　（大正7）年創刊の児童雑誌「赤い鳥」を主宰した鈴木三重吉が、昔話、伝
　　　　説から区別し、「芸術を追求する創作物語」の意味で使用するようになる。
　　　　その後も文学運動の影響を受け、現在は、「空想性を柱とした創作物語」の
　　　　呼称として規定されるものの、実際の使用は広範囲にわたる。

　なお、「児童文学」については、あわせて次のことを押さえておきたいものです。

　・児童文学＝子供を対象とする文学の総称。（1）絵本（2）童話（3）ファンタ
　　　　ジー（4）小説（5）童謡、詩（6）戯曲などに分類される。日本における
　　　　その始まりは、巌谷小波『こがね丸』であり、大正デモクラシーの風潮を反
　　　　映した雑誌「赤い鳥」で開花。小川未明、坪田譲治、新美南吉らを輩出し
　　　　た。

これらの用語には、厳密に捉えると文学の歴史的な変遷や経緯が含まれるため注意が必要です。小学校の「読む」教材として用いられる芸術的文章については、「文学的な文章」として一括されます。そのなかの散文は、おおむね「物語」として扱われています。

　なお、実用的文章の対象も幅広いのですが、やはり小学校の「読む」教材としては、「説明的な文章」として一括されます。それらは主に「説明文」です。

　・説明文＝事柄を説明したり、知識や理性に訴えることを主要な目的とする文。

ただし、教材に用いられる説明文の場合、単なる知識の教授にとどまらず、筆者の考えも述べられているという特徴があります。

4－2. 伝統的な言語文化（俳句、短歌、漢詩・漢文）
(1) 学習指導要領における取り扱い

　国語の内容として、〔知識及び技能〕のひとつに、(3)「我が国の言語文化に関する事項」があります。

┌─関連─────────
│〔知識及び技能〕「伝統
│的な言語文化」
│〔思考・判断・表現〕
│書くこと、読むこと
└──────────────

	第1学年及び第2学年	第3学年及び第4学年	第5学年及び第6学年
伝統的な言語文化	ア　昔話や神話・伝承などの読み聞かせを聞くなどして，我が国の伝統的な言語文化に親しむこと。 イ　長く親しまれている言葉遊びを通して，言葉の豊かさに気付くこと。	ア　易しい文語調の短歌や俳句を音読したり暗唱したりするなどして，言葉の響きやリズムに親しむこと。 イ　長い間使われてきたことわざや慣用句，故事成語などの意味を知り，使うこと。	ア　親しみやすい古文や漢文，近代以降の文語調の文章を音読するなどして，言葉の響きやリズムに親しむこと。 イ　古典について解説した文章を読んだり作品の内容の大体を知ったりすることを通して，昔の人のものの見方や感じ方を知ること。

第1学年及び第2学年では、昔話を読んだり、神話を題材にした物語を読んだりします。直接、古文に触れることはありません。イの言葉遊びの例として、学習指導要領解説には、「いろはうたやかぞえうた、しりとりやなぞなぞ、回文や折句、早口言葉、かるたなど」が挙げられています。NHK の「日本語であそぼ」の番組で紹介されている「春の七草」「いろは」「手まり歌」などの例が参考になるでしょう。

　第3学年では俳句、第4学年では短歌が取り上げられます。中国の古典との関係では、ことわざ、故事成語などです。第5学年では、漢詩「春暁」や漢文『論語』など、第6学年では『枕草子』などです。こちらについても、NHKE テレ「おはなしのくにクラッシック」などに、親しみやすく紹介されています。

（2）教科書に載る作品

　教科書（教育出版「ひろがる言葉　小三」）には以下のような俳句作品（現代仮名遣いに統一）が取り上げられています。

- ア　雪とけて村いっぱいのこども<u>かな</u>（小林一茶）
- イ　菜の花<u>や</u>月は東に日は西に（与謝蕪村）
- ウ　はねわっててんとう虫のとびいずる（高野素十）
- エ　さじなめて童たのしも夏氷（山口誓子）
- オ　荒海や佐渡によことう天河（松尾芭蕉）
- カ　かきくえば鐘が鳴るなり法隆寺（正岡子規）
- キ　せき（咳）の子のなぞなぞあそびきりもな<u>や</u>（中村汀女）
- ク　うつくしきひよりになりぬ雪のうえ（炭太祇）

5／7／5の音節で詠まれる俳句には、「季語」「切れ字」があります。

- ・季語＝季節を表すことば。江戸時代から、季語を集めた「季寄せ」「歳時記」の類が作られている。
- ・切れ字＝句中や句末に用いられて、そこで言いきりになることを示す語。「や」「かな」「けり」などが代表的。

ア〜クは、季節ごとに並んでいます。それぞれの季語が何か考えてみましょう。切れ字に下線を引いています。確認しましょう。

　短歌については、次のような歌が教科書に取り上げられています。

- ケ　東の野にかぎろいの立つみえてかえり見すれば月かたぶきぬ（柿本人麻呂）
- コ　秋来ぬと目にはさやかに見えねども風の音にぞおどろかれぬる（藤原敏行）
- サ　見わたせば花ももみじもなかりけり浦のとまやの秋の夕暮れ（藤原定家）
- シ　かすみたつ長き春日に子どもらと手まりつきつつこの日くらしつ（良寛）
- ス　金色の小さき鳥のかたちしていちょうちるなり夕日のおかに（与謝野晶子）
- セ　たわむれに母を背負いてそのあまり軽（かろ）きに泣きて三歩歩まず（石川啄木）

　短歌は、上句の、五音七音五音で意味の切れ目がある場合は、七五調といいます。五音七音の二句で、意味の切れ目がある場合は、五七調といいます。たとえば、コの「秋来ぬと目にはさやかに見えねども風の音にぞおどろかれぬる」の歌は、「秋が来たと目にははっきり見えないけれども」という意味のまとまりがあるので、七五調です。歌を声に出して読むときには、「見えねども」で一呼吸おきます。単純に五音、

七音で切れ目を設けるのではなく、教科書の解説に従って、七五調なのか、五七調なのかを考えながら音読する必要があります。

　漢詩・漢文の例は、孟浩然の「春暁」、李白の「静夜詩」、『論語』『大学』などです。漢文訓読による読み方が、『方丈記』や『平家物語』の文章と似通っていることに気づけるとよいですね。

＊練習問題
　ケ～セの短歌の意味を調べ、①七五調なのか②五七調なのか考えましょう。

4－3．修辞表現
（1）学習指導要領における取り扱い

> 関連
> 〔知識及び技能〕「表現の技法」「伝統的な言語文化」

　修辞とは、文章表現におけるさまざまな工夫が方法的にあらわれたものです。たとえば、和歌においては、枕詞、序詞、掛詞などが特徴的です。比喩、反復（対句）などは、韻文、散文に限らず、芸術的文章にしばしば用いられます。こうした技法は、何らかの表現の意図をもって用いられています。そこに、どのような表現効果があるのか考えていくことが大切です。

　小学校学習指導要領では、「表現の技法」として扱われています。
○表現の技法

第1学年及び第2学年	第3学年及び第4学年	第5学年及び第6学年	中学校第1学年
		ク　比喩や反復などの表現の工夫に気付くこと。	オ　比喩，反復，倒置，体言止めなどの表現の技法を理解し使うこと。

　第5学年及び第6学年の学習内容です。比喩、反復、倒置などは、第1学年及び第2学年などの文章にもみられるもので、そうした表現をここで振り返りながら知識として整理し、中学校の学びにつなげることに重点が置かれています。

（2）比喩

　比喩は、本来、二つのものやことについて、類似性や差異の認識を出発点としています。

A　直喩と隠喩（暗喩）

　例）君の瞳は宝石<u>のようだ</u>……（比喩の関係を明示することばがある）　直喩

　　　君の瞳は宝石だ　　……隠喩

「～のようだ」「のごとし」「（まるで）～みたい」などのように、ふたつのものが比喩の関係にあることを示すことばがある場合に直喩、ない場合に隠喩（あるいは暗喩）といいます。例文の、「君の瞳」と「宝石」のふたつは、どのような意味で比喩の関係にあるのでしょうか。「君の瞳は～」とありますから、もっとも述べたい対象は、「君の瞳」です。たとえに用いられている媒体が宝石です。両者の類似する点を考えてみます。そうすると、大好きな「君」の「瞳」も、宝石も、キラキラと輝いて美しいという根拠をもとに、表現していることがわかります。けっして「宝石」と同じように「<u>堅いね！</u>」とか「<u>高価だね！</u>」というわけではありません。

　　　趣意：叙述の対象となるもの＝君の瞳

　　　媒体：対象のたとえとしての手段＝宝石

　　　根拠：関連性や類似性の根拠＝きらきらと輝く美しさ

B　擬人法～人でないものを人であるかのように表現する

　擬人法というのも、比喩の表現方法のひとつです。

　　　例）この明るさのなかへ

　　　　ひとつの素朴な琴をおけば

　　　　秋の美しさに<u>耐えかねて</u>

　　　　琴はしづかに鳴りいだすだろう（八木重吉「素朴な琴」）

「耐えかねて」というのは、人について用いるのが普通です。その普通を逸脱して、「琴」の思いとして描くところに新たな表現が生まれています。しかし、一方で、そうした表現があたりまえになると、比喩という意識は次第に薄れていきます。

（3）反復（繰り返し）

　同一の語句または類似した文句を繰り返して、その語や句を強く印象づけようとする表現法です。類音の繰り返し（頭韻、脚韻）、同語の繰り返し、類似する語句の繰り返し（対句）などがあります。

　　　例）<u>かえる</u><u>かえる</u>は　　みち<u>まちがえる</u>　　む<u>かえる</u><u>かえる</u>は　ひっくり<u>かえる</u>

　　　　　　　　　　　　　　　（谷川俊太郎『ことばあそびうた』「かえる」より）

　　　太郎を<u>眠らせ</u>、太郎の<u>屋根に雪ふりつむ</u>

　　　次郎を<u>眠らせ</u>、次郎の<u>屋根に雪ふりつむ</u>（三好達治「雪」）

（4）倒置法

　文全体の意味はあまり変えないように維持したまま、意図的に一部分の語句の位置を変える、すなわち語順を入れ替える方法です。

　例）夢はいつもかえって行った　山の麓のさびしい村に

　　　水引草に風が立ち

　　　草ひばりのうたいやまない

　　　しずまりかえった午さがりの林道を

　　　　　　　　　（立原道造「のちのおもひに」より。現代仮名遣いにあらためた。）

夢が「かえって行った」という表現が先にあり、それがどこに「かえった」のか、どこを通ってなのかが、あとに置かれています。

　詩や物語など、文学的な文章を読むときに、特徴的な修辞表現を抜き出しながら、詩を味わいたいものです。

＊練習問題

　次の（1）〜（4）の作品について、どのような修辞表現が用いられているのか考えましょう。

（1）もはや　できあいの思想には倚（よ）りかかりたくない

　　　もはや　できあいの宗教には倚りかかりたくない

　　　もはや　できあいの学問には倚りかかりたくない

　　　もはや　いかなる権威にも倚りかかりたくない

　　　ながく生きて　心底学んだのはそれぐらい

　　　じぶんの耳目　じぶんの二本足のみで立っていて　なに不都合のことやある

　　　倚りかかるとすれば　それは椅子の背もたれだけ

　　　　　　　　　　　　　　　　　　　　　　　（茨城のり子「倚りかからず」）

（2）木は　いつも　憶っている

　　　旅立つ日のことを

　　　ひとつところに根をおろし

　　　身動きならず立ちながら

　　　　　　　　　　　　　　　　　　　（茨城のり子「木は旅が好き」より）

（3）雲は飛んでゆく

　　　引きちぎれた天使の一つの翼のやうに

　　　　　　　　　　　　　　　　　　　　（千家元麿「雲」より）

（4）わがうるはしき花よめは

むらさきにさくあやめなり

（島崎藤村「婚姻の祝の歌」より）

4−4．説明的な文章の読解

（1）学習指導要領における取り扱い

最初に、学習指導要領における取り扱いを確認します。

┌関連─────────
〔思考・判断・表現〕
書くこと、読むこと
（説明的な文章）
→5−4．言語活動領
域ごとの指導

	第1学年及び第2学年	第3学年及び第4学年	第5学年及び第6学年
構造と内容の把握	ア　時間的な順序や事柄の順序などを考えながら、内容の大体を捉えること。	ア　段落相互の関係に着目しながら、考えとそれを支える理由や事例との関係などについて、叙述を基に捉えること。	ア　事実と感想、意見などとの関係を叙述を基に押さえ、文章全体の構成を捉えて要旨を把握すること。
精査・解釈	ウ　文章の中の重要な語や文を考えて選び出すこと。	ウ　目的を意識して、中心となる語や文を見付けて要約すること。	ウ　目的に応じて、文章と図表などを結び付けるなどして必要な情報を見付けたり、論の進め方について考えたりすること。
考えの形成	オ　文章の内容と自分の体験とを結び付けて、感想をもつこと。	オ　文章を読んで理解したことに基づいて、感想や考えをもつこと。	オ　文章を読んで理解したことに基づいて、自分の考えをまとめること。

「構造と内容の把握」「精査・解釈」「考えの形成」という3つの学習を段階的に進めます。「構造と内容の把握」は文章の全体的な把握であり、「精査・解釈」は、そうした全体的な把握を保証するために必要となる細部の叙述内容の理解です。第5学年及び第6学年の「構造と内容の把握」に「文章全体の構成を捉えて要旨を把握すること」が位置づけられていますから、その到達点にむけて、各学年で段階的に内容理解を積み重ねていくことになります。「考えの形成」はこれに付随するもので、理解したことを自身に落とし込む作業です。その場合、扱う教材の内容面（テーマ）に重点が置かれるきらいがありますが、文章の分析から得られた文章表現上の特性、技法を振り返ることを忘れてはいけません。〔知識及び技能〕における、「文や文章」の読解に関する次の内容です。

	第1学年及び第2学年	第3学年及び第4学年	第5学年及び第6学年
文や文	カ　文の中における主語	カ　主語と述語との関	カ　文の中での語句の係り

章	と述語との関係に気付くこと。	係、修飾と被修飾との関係、指示する語句と接続する語句の役割、段落の役割について理解すること。	方や語順、文と文との接続の関係、話や文章の構成や展開、話や文章の種類とその特徴について理解すること。

文の正しい理解をもとに、文章における段落の役割、文章の構成や展開を読解する力を高めていきます。

　さらに、説明的な文章においては、「情報の扱い方に関する事項」との関係が密接です。情報というと、情報処理のイメージが先行しがちですが、情報＝客観的事実と言い換えた方がわかりやすいかもしれません。〔知識及び技能〕の「情報の扱い方に関する事項」は次の通りです。

	第1学年及び第2学年	第3学年及び第4学年	第5学年及び第6学年
情報と情報との関係	ア　共通、相違、事柄の順序など情報と情報との関係について理解すること。	ア　考えとそれを支える理由や事例、全体と中心など情報と情報との関係について理解すること。	ア　原因と結果など情報と情報との関係について理解すること。

　考えが導き出される根拠となる、客観的事実の位置づけや事実の提示の方法を理解し、自身の実際の運用につなげていくというものです。

(2) 文章の段落と構成

　文章を構成する下位の単位に「段落」があります。一般的に、形式の上から、一文字下げで始まるまとまりを「形式段落」とみなします。対して「意味段落」というのがあります。全体の文章展開から、意味的なまとまりがあるとみなしうる、形式段落一つ以上のまとまりのことです。

　意味段落の把握は、文章の展開を把握することと同時に行います。段落ごとに、出発点となる問題提起の段落なのか、その解（筆者の考え）にあたる段落なのか、さらに、解（考え）を導くための根拠となる事例の説明、事例に基づく推測、事例に対する判断を記述する段落なのかといった観点で、段落同士のつながりを捉え、意味的なまとまりにおいて分けていきます。

　文章構成の分析にあたっては、文章の結論（問に対する筆者の解・考え）を示す「中心段（中心段落）」がどこに出現するかによって、構造上の類型が6種類に分類されます。「頭括型」「尾括型」「双括型（両括型）」「中括型」「分括型」「隠括型」です。

この中で、学校教育において扱われる説明的な文章については、最初の「頭括型」「尾括型」「双括型（両括型）」の３つの類型に該当する教材が選択される傾向にあります。

	（序論） （はじめ）	（本論） （中）	（結論） （終わり）
頭括型（式）	結　論		
尾括型（式）			結　論
双括型（式）	結　論		結　論

　文章の「要旨」をまとめる前に、まず、段落の中心文（目的に応じた大切な文）をみつけ、段落ごとに「要約」を行います。要約をもとに、文章の展開や構成を把握することができれば、筆者の主張となる「要旨」は、結論部をもとにしてまとめればよいわけです。物語や小説などの内容をまとめる「あらすじ」「大意」とは性質が異なります。

4-5. 説明的な文章の読解例①──「生き物はつながりの中に」

(1) 文章の種類と筆者

　最初に、筆者がどのような立場の人で、どのような観点から文章を書こうとしているのか理解しておくことが望ましいです。（＊物語などの創作された文章については「作者」と呼びます。）

> 関連
> ［思考・判断・表現］
> 書くこと、読むこと
> （説明的な文章）

　　「生き物はつながりの中に」を例にとってみていきます。

　　　　文章の種類＝「生き物はつながりの中に」は、説明的文章。

　　　「国語六　創造」（光村図書、H24年２月）に掲載。教科書のための書き下ろし。

　　　筆者は中村桂子氏＝1936年、東京都生まれ。理学博士。JT生命誌研究館（大阪府高槻市）館長。専門は生命科学と生命誌で、地球上の生き物は皆38億年の歴史をもつ仲間であるこということを基本に研究し、それを専門外の人にも楽しめるように表現することにも努めている。主な著書に『科学技術時代の子どもたち』（岩波書店）、『「生きもの感覚」で生きる』（講談社）、『生命科学者ノート』（岩波書店）など。

(2) 読解の手順1——形式段落の確認と段落の要点

　形式段落を確認し、段落の上に通し番号を付けます。全部で7段落になりましたか。ここは機械的な作業ですね。

　全体を通して読み、おおよその内容をつかんだら、次に、段落ごとに、段落の要点にあたる中心文をみつけていきます。以下、形式段落番号を①のように示します。

　①の段落の大切な部分は、後半ですね。「ロボットのイヌは本物のイヌとはちがいます。どこがちがうのでしょう。」というところが中心だと考えましたか。ありがちな解答なのですが、その続きを見逃してはいけません。「そのちがいを考えながら、生き物の特徴をさぐってみましょう。」とあります。「ちがいを考える」ことをきっかけにして、目的は「生き物の特徴をさぐる」ところにあると書かれています。

　②の段落では、「本物のイヌ」と「ロボットのイヌ」のあり方を具体的な例を元にして比較しています。比較しながら「ロボット」と「生き物」が同じように見える、と述べています。大事なのは、その後に「しかし」という逆接で、「本当に同じでしょうか」とあらためて問いかけているところです。

　③の段落は、「本物のイヌ」をより身近に感じられるように、「チロ」というイヌを飼っていたとしたら、という前提で始まっています。そして「チロ」の食べたとり肉のタンパク質からチロの体を作るタンパク質が作られると述べ、今度は読者である「あなた」の例へと広げています。この段落で大切な接続語は「つまり」です。「つまり」以下で、生き物とロボットの違いをまとめ、あらためて「生き物の特徴」を取り出しています。

　④の段落は、③の段落で触れた、食べ物が体を作るということから、「生き物」、具体的には「チロ」や「あなた」の体が時とともに変化しており、全く同じではないことに同意を求めます。そのうえで、「でも」という接続語により、前に述べたことに反する内容を述べます。それは、「変化・成長しながら、一つの個体として時間をこえてつながっている」ことであって、「これも生き物の特徴」であるとして、2つ目の特徴を取り出しています。

　⑤の段落です。「生まれ方」による比較です。「ロボットのイヌ」と「本物のイヌ」の比較から、「あなた」に話しが及んでいきます。ここでは、「このように」という語に注目します。「このように」は接続語ではありませんが、前の内容を例示（このように）としてうけとめ、その内容から言えることは何かを述べていく場合に用います。したがって、そこから、筆者が「過去や未来の生き物たちとつながっていることも生き物の特徴」ということを導いていることがわかります。

　⑥の段落は冒頭に、「本物のイヌとイヌ型ロボットとを比べながら、生き物の特徴

を見てきました。」とありますから、ここまでの主な内容が、比較の中から「生き物の特徴」を見ることなのだとわかります。そして、「つながり」をキーワードとしながら、三つの特徴をあらためて述べます。「外の世界とつながり、一つの個体としてつながり、長い時間の中で過去の生き物たちとつながる」というところです。それぞれ、③④⑤の段落で述べられていた特徴です。

　⑦の段落は、同じ生き物である「あなた」を軸に、⑥の段落で述べた、つながりの中で生きている「生き物」の特徴が、「あなた」自身のことでもあることを強く意識させます。それは、「あなた」が「たったひとつのかけがえのない存在」であると同時に、他の生き物と等価であることへの気づきを促します。

（3）読解の手順2──意味段落と文章構成

　形式段落でそれぞれの中心を押さえたら、意味のまとまりを考えます。意味段落は大きく三つに分かれますね。問題提起の段落、生き物の特徴を導き出す段落、まとめを行い、筆者が読者に伝えたいことを述べる段落です。

【一】（　①　）　　　問題提起　　　　　　　　始め
【二】（　②　③　）事例A・導かれること　　　⎫
　　　（　④　）　　事例B・導かれること　　　⎬　中
　　　（　⑤　）　　事例C・導かれること　　　⎭
【三】（　⑥　）　　事例からのまとめ　　　　　終わり
　　　（　⑦　）　　　筆者の主張

最後の意味段落に結論が述べられていますので、尾括型（式）です。
これを、段落の関係図で示すと、たとえば次のように示すことができるでしょう。

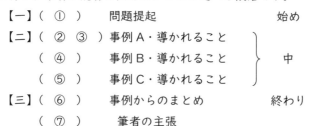

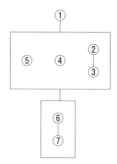

要旨を100字程度にまとめてみます。

　　外の世界とつながり、一つの個体としてつながり、長い時間の中で過去の生き物
　　たちとつながるというように、さまざまなつながりの中で生きているのが生き物

の特徴である。かけがえのない生き物として自他を大切にしてほしい。

（104字）

では要旨をまとめましょう、と最後に課題を出すと、最初から見直して、ロボットのイヌのことから書き始めようとする人がいます。しかし、全体の構成を分析して、中心段落、結論部分を把握できたのですから、そこから抜き出してくればよいのです。また、書かれている文章が敬体だからといって、敬体にする必要はなく、常体で書くのが基本です。

4−6．説明的な文章の読解例②──「はたらくじどう車」

文章の種類＝「はたらく自動車」は、説明的な文章。「ひろがることば　国語Ｉ下」（教育出版）に掲載。「じどう車くらべ」（光村図書）など、類似する教材も見られる。

［関連］
〔思考・判断・表現〕
書くこと、読むこと
（説明的な文章）

短い文章ですからすべて挙げます。

はたらく　じどう車

①じどう車には、いろいろな　ものが　あります。どの　じどう車も、はたらきに　あわせて　つくって　あります。

②バスは、おおぜいの　おきゃくを　のせて、はこぶじどう車です。

③ですから、たくさんの　ざせきが　あります。つりかわや　手すりも　ついています。

④バスは、おおぜいの　おきゃくを　のせて、あんぜんに　はしります。

⑤コンクリートミキサー車は、なまコンクリートを　はこぶ　じどう車です。

⑥ですから、おおきな　ミキサーを　のせて　います。

⑦コンクリートミキサー車は、なまコンクリートが　よく　まざるように、ミキサーを　ぐるぐる　まわしながら、こうじを　する　ばしょに　はこびます。

⑧ショベルカーは、じめんを　ほったり、けずったり　する　じどう車です。

⑨ですから、ながい　うでと　じょうぶな　バケットを　もって　います。

⑩ショベルカーは、こうじの　ときに、うでと　バケットを　うごかして、あなを　ほったり、たくさんの　土を　けずったり　します。

⑪ポンプ車は、水を　つかって　かじを　けす　じどう車です。

---

⑫ですから、水を　すいあげたり　まいたり　する、ホースを　つんで　います。
また、ホースを　はこぶ　車も　のせて　います。
　⑬ポンプ車は、かじばで、いけや　しょうかせんから　すいあげた　水を　かけて、
火を　けします。

教科書は縦書きですが、文章を読みながら、句読点以外に一マス文の空欄があるのに
気付きましたか。およそ文節ごとの空欄です。第１学年第２学年向けの教材は、文に
おける意味のまとまりがわかりやすくなるように、このように組まれています。
　さて、内容です。当該学年の、「事柄の順序」を考えて、「内容の大体を捉える」と
いう目標からすると、何が順番に取り上げられているのかは直ちに了解できます。
　②③④　バスについて
　⑤⑥⑦　コンクリートミキサー車について
　⑧⑨⑩　ショベルカーについて
　⑪⑫⑬　ポンプ車について
具体的な車のことを取り上げている②〜⑬に対して、最初の形式段落①の内容が、ま
とめの部分であることは明らかです。
　このことをもとに、学生のみなさんに次の課題を出すと、けっこう悩む人が出てき
ます。課題は、この文章に続けて、「キッチンカーについて」同じように書きましょ
う、というものです。もちろん「キッチンカー」について知っていないといけません
が、一番悩むのは、段落（文章）の構成です。「キッチンカー」について知っている
ことを羅列するだけでは、続きの文章としてふさわしいものにはなりません。それぞ
れの「じどう車」の説明における共通点を理解しておく必要があります。

（あ）	②バスは、おおぜいの　おきゃくを　のせて、はこぶじどう車です。	⑤コンクリートミキサー車は、なまコンクリートを　はこぶ　じどう車です。	⑧ショベルカーは、じめんを　ほったり、けずったり　する　じどう車です。
（い）	③ですから、たくさんの　ざせきが　あります。つりかわや　手すりも　ついています。	⑥ですから、おおきな　ミキサーを　のせて　います。	⑨ですから、ながい　うでと　じょうぶな　バケットを　もって　います。
（う）	④バスは、おおぜいの　おきゃくを　のせて、あんぜんに　はしります。	⑦コンクリートミキサー車は、なまコンクリートが　よく　まざるように、ミキサーを　ぐるぐる　まわしなが	⑩ショベルカーは、こうじの　ときに、うでと　バケットを　うごかして、あなを　ほったり、たくさんの　土を

	ら、こうじを　する　ばしょに　はこびます。	けずったり　します。

（あ）＝「〜は、〜するじどう車です」のように、そのものがどういう車なのか、はたらき（役割）を大きくとらえている。

（い）＝「ですから〜」と、その自動車のはたらき（役割）にあわせた作りになっていることを説明。

（う）＝（い）に挙げた自動車の作りを踏まえて、役割や目的に合わせてはたらいていることを説明している。

　最初の「バス」「コンクリートミキサー車」「ショベルカー」をあげましたが、これらを比較してみると、いずれも（あ）（い）（う）によって構成されていることがわかります。敬体の接続語「ですから」（常体では「だから」）は、前に述べたことを理由・原因として、後の内容を述べていくという時に使う接続語です。単なる羅列ではありませんね。

　それぞれの「じどう車」について、このように書かれていることをもとに、①の段落を再度確認しましょう。すると、①には、「どの　じどう車も、はたらきに　あわせて　つくって　あります。」と書かれてありました。つまり、それぞれの車が、どのようなはたらき（役割）をしているのか、そのためのしくみがどのようなものなのかが「じどう車」ごとに書いてあるということです。もちろん構成は、最初に結論（まとめ）が書かれていますから、「頭括型（式）」です。

4−7．説明的な文章の読解例③──「さけが大きくなるまで」

（1）情報の順序性

　先に読んだ「はたらくじどう車」は、最初にまとめの部分があり、そのあと、車のつくりと働きについて、個別の例が取り上げられていました。では、「さけが大きくなるまで」はどのような構造をしているでしょうか。「さけが大きくなるまで」は、２年生の教材（「ひろがることば小２国語下」教育出版）です。

　まず、冒頭の第１段落です。

┌─関連─
│〔知識及び技能〕
│「情報の扱い方」
│〔思考・判断・表現〕
│書くこと、読むこと
│（説明的な文章）
└

---

　①さけは、北の海にすむ大きな魚です。あの七十センチメートルほどもある魚は、どこで生まれ、どのようにして大きくなったのでしょう。

「さけ」がどこで生まれてどのように大きくなるのか、という問いかけをしています。問いかけをしているということは、後に続く文は、その答えにあたるということですね。

　以下に、形式段落ごとに、ランダムに並べてあります。これを正しい順番に並べ替えてみてください。

（ア）春になるころ、五センチメートルぐらいになったさけの子どもたちは、海にむかって川を下りはじめます。水にながされながら、いく日もいく日もかかって、川を下っていきます。

（イ）やがて、水のきれいな川上にたどりつくと、さけは、おびれをふるわせて、すなや小石の川ぞこをほります。ふかさが五十センチメートルぐらいになると、そのあなのそこにたまごをたくさんうんで、うめてしまいます。

（ウ）秋になるころから、大人のさけはたくさんあつまって、たまごをうみに、海から川へやってきます。そして、いきおいよく川を上ります。三メートルぐらいのたきでものりこえて、川上へ川上へとすすんでいきます。

（エ）冬の間に、たまごからさけの赤ちゃんが生まれます。大きさは二センチメートルぐらいです。はじめは、ちょうど赤いぐみのみのようなものをおなかにつけていますが、やがて、それがなくなって、三センチメートルぐらいの小魚になります。

（オ）海の水になれて、体がしっかりしてくると、いよいよ、広い海でのくらしがはじまります。

（カ）ぶじに生きのこって大きくなったさけは、三年も四年も海をおよぎまわります。

（キ）そして、たまごをうむ時には、北の海から自分が生まれたもとの川へかえってくるのです。

（ク）海には、たくさんの食べものがあります。それを食べて、ぐんぐん大きくなります。けれども、さめやあざらしなどに、たくさんの仲間が食べられてしまいます。

（ケ）川を下ってきたさけの子どもたちは、一か月ぐらいの間、川の水と海の水がまじった川口のところでくらしています。その間に、十センチメートルぐらいの大きさになります。

　この並べ替えの問を解くために、なにを手がかりにするとよいでしょうか。「さけ」の成長ですから、内容からは、成長を追えるかどうか、という点があります。そして、成長は、月日と共に進むものですから、その時間的な展開がわかることばを手がかりにして読むことも大切になります。つまり、「いつ」「どこで」「だれが」「どう

する（どのようである）」のか、を確認しながら読み進めることが重要です。

　また、「やがて」という語は、「まもなく。そのうちに。」という意味ですから、時間をそれほどは置かないで、次の事態が起きることを示しています。接続語の「そして」は、前に述べた事柄よりも、時間的に、段階的にあとになる事柄を並列的に続ける場合と、並列的にことばを並べるときに使う場合とがあります。このような接続に関わる語に注目していきます。

（2）内容の配列

　説明的な文章においては、各々の文章の目的があります。その目的にかなった内容を伝えるためには、客観的事実（例）、情報とも言い換えることのできる内容がどのように、並べられているかを考えることが大切です。

　「学習指導要領」の、説明的な文章の読解に　第１学年及び第２学年に、「時間的な順序や事柄の順序、内容の大体」とあります。「さけが大きくなるまで」は、順序性、そして、いつ、どこで、だれが、何をする　という視点を立てて読み進めることを学ぶ教材ということです。さらに、ここで求められる、〔知識及び技能〕は、「情報」を扱う力です。「情報」というと「情報処理」のことを思い描くかもしれませんが、それは「情報」そのものではありません。書き手が発信しようとしている、意味伝達のまとまりのことです。

　内容の配列を考えるときには、次のような視点をもっておくとよいでしょう。
・時間的順序
・空間的順序
・一般から特殊へ（特殊から一般へ）
・原因から結果へ
・漸層法
・既知から未知へ
・問題解決順
・重要さの順序
・動機付けの順序

（森岡健二『文章構成法』至文堂、1976）

この中のいくつかについて少し取り上げます。
①時間的順序
「さけが大きくなるまで」は時間的順序です。時間の経過と共に、なにがしかの変

化がみられるときに、この配列を用いることができます。

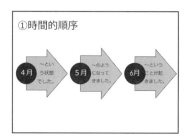

②空間的順序

「日本ともつながりの深いサンパウロですが、さすがに大都市だけのことはあって、夜景は見事です。」という始まりがあったとしましょう。さて、「サンパウロはどこだったかしら？」と思う人がいるでしょう。すぐにブラジルの都市であると自信をもって答えられる人は少ないかもしれません。あるいはブラジルも地球のどのあたりなのかあやしいという場合があるかもしれません。もちろん、ブラジル通の人が集まっているところで話すのに支障はありませんが、その場にいる人の間で共有できる知識は一般的にどれぐらいなのかを考えながら、説明をする必要があります。ですから、南半球　→　南アメリカ大陸　→　大陸東側のように、広いところからだんだん狭めていくことが必要です。

空間的順序というのは、地理的なことに限りません。「欄間に施される透かし彫りが秀逸だった。〜〜」と聞いて何のことかわかりますか？「欄間とは？」となりかねません。「日本の古い家屋に入ったとき、ふすまの上の部分に目をやると、障子がはめ込んであったり、透かし彫りの彫刻がはめこんであったりするところがあります。」のように、やはり全体から部分へと順序よく示されている方がよいですね。全体と部分の関係がわかるように説明していきます。

③一般から特殊へ

これは論理的順序ともいえるものです。個別のことを取り上げる前に、全体的概観や一般的な特徴を先に述べておきます。いきなり「北海道で見られるオーロラは〜」で始めると、北海道のオーロラが当たり前にように思えてしまいますね。

③一般から特殊（特殊から一般へ）

通常、オーロラがみられる場所といえば、北欧やアイスランド、カナダなどの北極にきわめて近い地域ですね。でも、10年に一度くらい、北海道でも観測できることがあります。

④原因から結果へ（結果から原因へ）

　原因と結果の関係は、その関係が明確であればどちらから先に述べられていても問題はないです。なにか事実を述べておいて、「〜がこういうところに影響を及ぼしたのです。」という場合も、原因から結果の関係になります。

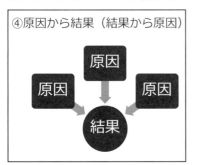

　結果から原因を組み立てていくときには、聞く人も、その推理が正しいかどうかをともに考えることになるので、聞く人の興味をかき立てます。

⑤漸層法（段階的に強めたりあるいは弱めたりする方法）

　始めにあまり重要でないことからはじめて、だんだん重要度を増し、最後にクライマックスを迎えるというものです。あげている例は、「人は、たいてい尊敬されたいと思っているのだ」という結論だとしたら、「ちょっといきなりそんなこと言われても…」となりかねません。これを避けるために、まずは誰しもは共感してくれそうなこと「美味しいものが食べたい、おしゃれしたい」という共感から、段階的に程度を高めています。

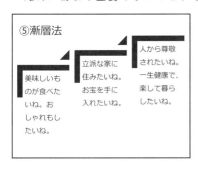

⑥既知から未知へ

　これは、すでにみた②空間的順序や、③一般から特殊へという順序に近いものです。

　「調味料は、さしすせその順番で入れるとよいといいますね。」というと、たいていの人は「うん聞いたことがある」ということで、うなずいてくれるでしょう。その次に「さしすせそが何をさすのか間違えずに言えますか？」と尋ねると、半分ぐらいの人が、「えーっと何だったかな？」と考え始めるでしょう。これは、授業の導入で、教員の発問（質問の出し方）として、よい方法だといわれてます。いきなり難しいことを質問されたら、最初から嫌気がさしますからね。

説明的な文章の学習においては、正しく読み取る力をつけます。さらに、自分で書くとき、話すときにも、そこでの学びを生かしていく必要があります。内容が理解できたというだけではなく、情報（事例）と情報（事例）との関係性や文章の工夫に目をむけることが大切です。みなさん自身が文章を書く、発表をするというときにも、どのような順序が効果的なのか、挙げたような例を参考にして組み立ててください。

4－8. 説明的な文章の読解例④──「すがたをかえる大豆」

「すがたをかえる大豆」国分牧衛（「国語三下　あおぞら」光村図書）の文章です。

①わたしたちの毎日の食事には、肉・やさいなど、さまざまなざいりょうが調理されて出てきます。その中で、ごはんになる米、パンやめん類になる麦のほかにも、多くの人がほとんど毎日口にしているものがあります。なんだかわかりますか。それは、大豆です。大豆がそれほど食べられていることは、意外と知られていません。大豆は、いろいろな食品にすがたをかえていることが多いので気づかれないのです。

②大豆は、ダイズという植物のたねです。えだについたさやの中に、二つか三つのたねが入っています。ダイズが十分に育つと、さやの中のたねはかたくなります。これが、私たちが知っている大豆です。かたい大豆は、そのままでは食べにくく、消化もよくありません。そのため、むかしからいろいろ手をくわえて、おいしく食べるくふうをしてきました。

③いちばん分かりやすいのは、大豆をその形のままいったり、にたりして、やわらかく、おいしくするくふうです。いると、豆まきに使う豆になります。水につけてやわらかくしてからにると、に豆になります。正月のおせちりょうりに使われる黒豆も、に豆の一つです。に豆には、黒、茶、白など、いろいろな色の大豆が使われます。

④次に、こなにひいて食べるくふうがあります。もちやだんごにかけるきなこは、大豆をいって、こなにひいたものです。

⑤また、大豆にふくまれる大切なえいようだけを取り出して、ちがう食品にするくふうもあります。大豆を一ばん水にひたし、なめらかになるまですりつぶします。これに水をくわえて、かきまぜながら熱します。その後、ぬのを使って中身をしぼり出します。しぼり出したしるににがりというものをくわえると、かたまって、とうふになります。

⑥さらに、目に見えない小さな生物の力をかりて、ちがう食品にするくふうもあります。ナットウキンの力をかりたのが、なっとうです。むした大豆にナットウキンをくわえ、あたたかい場所に一日近くおいて作ります。コウジカビの力をかりたもの

が、みそやしょうゆです。みそを作るには、まず、むした米か麦にコウジカビをまぜたものを用意します。それと、しおを、にてつぶした大豆にくわえてまぜ合わせます。ふたをして、風通しのよい暗い所に半年から一年の間おいておくと、大豆はみそになります。しょうゆも、よくにた作り方をします。

⑦**これらのほかに**、とり入れる時期や育て方を くふう した食べ方もあります。ダイズを、まだわかくてやわらかいうちにとり入れ、さやごとゆでて食べるのが、えだ豆です。また、ダイズのたねを、日光に当てずに水だけをやって育てると、もやしができます。

⑧**このように**、大豆はいろいろなすがたで食べられています。ほかの作物にくらべて、こんなに多くの食べ方が くふう されてきたのは、大豆が味もよく、畑の肉といわれるくらいたくさんのえいようをふくんでいるからです。そのうえ、やせた土地にも強く、育てやすいことから、多くのちいきで植えられたためでもあります。大豆のよいところに気づき、食事に取り入れてきたむかしの人々のちえにおどろかされます。

文章中に形式段落は８段落あります。大きく三つの意味段落に分けるとすると、どこで分けられるでしょうか。大豆が昔からどのように工夫して食べられているのかということを述べていく、という文章の目的を述べているのは、①②の段落です。そして、「このように」とあって、全体のまとめにあたるのが⑧だとわかります。その間の③～⑦が具体的な例を挙げているところです。

低学年では「はじめ・中・おわり」、中学年以上では「序論・本論・結論」と捉えていきますが、３部構成になるのがもっともオーソドックスな例です。この「すがたをかえる大豆」の本論部の具体的な例は、「一般から特殊へ」あるいは「既知から未知へ」というかたちの配列が意識されていると考えられます。そのことが読み取れる語句がありますね。

本論部の各形式段落の冒頭の語句を挙げてみます。

　・③いちばん分かりやすいのは
　・④次に
　・⑤また
　・⑥さらに
　・⑦これらのほかに

「いちばん分かりやすい」例から書き出そうとしていますね。具体的には、大豆のままで「いる」「にる」ことでやわらかくおいしくする工夫を挙げています。

「次に」は、「こなにひいて食べるくふう」です。

「また」では、「大豆にふくまれる大切なえいようだけを取り出して、ちがう食品にする」場合を述べ、「さらに」では、ちがう食品にする工夫として、「目に見えない小さな生物の力をかりて、ちがう食品にする」場合を加えています。

「これらのほかに」は、とり入れる時期や育て方を工夫した例です。いずれも、「くふう」がキーワードであることがわかります。

では、各段落の要点をまとめてみましょう。

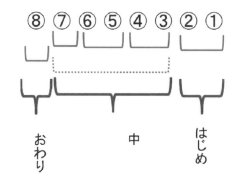

全体の構成は右のようになります。

また、「生き物はつながりの中に」と同じように、構造図も書いてみましょう。

筆者の國分牧衛氏について、紹介しておきます。

　　東北大学名誉教授、専門は作物学。

　　1950年岩手県生まれ。東北大学農学部卒。農学博士。農林水産省の研究所勤務（東北農業試験場、農業研究センター、国際農林水産業研究センターなど）を経て、2000年から2015年まで東北大学大学院農学研究科教授。2014年、日本農学賞・読売農学賞を受賞。著書・監修・編に『大豆まるごと図鑑　すがたをかえる大豆』、『作物栽培大系　5　豆類の栽培と利用』、『新訂　食用作物』、『そだててあそぼう9　ダイズの絵本』など。

以上の紹介は、「まなびのめ」研究者インタビュー（2016年7月5日）（http://manabinome.com/archives/1640）より引用しているのですが、このインタビューで國分氏は次のように語っています。

　　教科書の掲載文も、国語教材としての目的は説明文としての構成を読み取ったり、さらに詳しいことを調べて発表したりすることです。しかし私は自分が食べている食品や、日本の優れた食文化にもっと関心を持ってもらいたいという願いを込めて書きました。最後を「大豆のよいところに気づき、食事に取り入れてきた昔の人々のちえにおどろかされます。」という言葉で結んだのはそのためです。

⑧の最後に筆者の考えが、願いを持って示されていることの意味が納得できます。

説明的な文章を取り上げてきましたが、説明的な文章の読解の手順としては、概ね次のようになります。

１．形式段落を確認する。 Key word「段落」

２．全体を読み、文章の目的を確認する。

Key word「内容の大体」「大切なことば」「問いの文」

３．各段落の要点を押さえる。 Key word「中心文」「事例」「根拠」「要約」

４．問い、事例、結論といった段落の役割から意味段落を確認し、文章の構成を捉える。

Key word「順序」「筋道」「構成」「はじめ（序論）―なか（本論）―終わり（結論）」

５．要旨をまとめる。 Key word「要旨」「主張」

読解においては、内容が分かればよいというだけではなく、接続する語句の使い方、事例の展開のさせ方といった、文章表現上の技法もあわせて学んでいきます。これによって、自身が文章を書くときや話すときに、そうした技法を意識して用いられるようにしていきます。

4-9. 文学的な文章の読解

(1) 学習指導要領における取り扱い

最初に、学習指導要領における取り扱いを確認しておきましょう。

> 関連
> 〔思考・判断・表現〕
> 読むこと（文学的な文章）

	第1学年及び第2学年	第3学年及び第4学年	第5学年及び第6学年
構造と内容の把握	イ　場面の様子や登場人物の行動など，内容の大体を捉えること。	イ　登場人物の行動や気持ちなどについて，叙述を基に捉えること。	イ　登場人物の相互関係や心情などについて，描写を基に捉えること。
精査・解釈	エ　場面の様子に着目して，登場人物の行動を具体的に想像すること。	エ　登場人物の気持ちの変化や性格，情景について，場面の移り変わりと結び付けて具体的に想像すること。	エ　人物像や物語などの全体像を具体的に想像したり，表現の効果を考えたりすること。
考えの形成	オ　文章の内容と自分の体験とを結び付けて，感想をもつこと。	オ　文章を読んで理解したことに基づいて，感想や考えをもつこと。	オ　文章を読んで理解したことに基づいて，自分の考えをまとめること。

「説明的な文章」の場合と同様に、「構造と内容の把握」「精査・解釈」という項目があります。低学年では「場面」の様子、登場人物の行動といった、大枠を捉え具体的に想像するところに主眼があります。中学年、高学年になると、場面の変化にともなう、登場人物の気持ちの変化、性格、情景を、場面の移り変わりとあわせて捉えて

いきます。ここで大事なことは、自分本位に想像をめぐらすのではなく、書かれていること、つまり、叙述や描写から正確に読み取っていくことです。

「考えの形成」では、低学年は、「文章の内容と自分の体験とを結び付けて、感想をもつ」こととあり、描かれている文章を作品の世界として具体的に想像する力が問われるわけです。そして高学年に近づくほど、そのような作品の世界が、どのような表現によって構築されているのかという、表現分析の面も重視されます。「文章を読んで理解したこと」に基づいてとありますが、これは、内容把握に留まらず、作者の表現意図を知るということも含まれるのです。もちろん、表現分析にあたっては、「説明的な文章」の読解でも挙げた、【知識及び技能】における「語彙」「文や文章」の読解が基礎になりますし、「表現の技法」（第5学年及び第6学年）として、「比喩や反復などの表現の工夫に気付くこと」も視野に収める必要があります。

加えて、「音読・朗読」にも注意が必要です。

	第1学年及び第2学年	第3学年及び第4学年	第5学年及び第6学年
音読、朗読	ク　語のまとまりや言葉の響きなどに気を付けて音読すること。	ク　文章全体の構成や内容の大体を意識しながら音読すること。	ケ　文章を音読したり朗読したりすること。

読み方の違いを確認しておきましょう。

・音読　声に出して読むこと。読解の程度を判断できる、読むことの矯正指導ができる、発声・発音などの指導ができる、話しことばと関連した事項の指導ができる、などの点に長所がある。

・朗読　音読の一種で、理解した内容を感情を込めて読むこと。「表現読み」ともいう。

・黙読　声に出さずに読むこと。

(2) 読解の手順
①設定の確認

5W1Hということを聞いたことがありますね。いつ（When）・どこで（Where）・だれが（Who）・何を（What）・何のために（Why）、どのように（How）を指します。文章を書く上での必要な情報です。物語文を読むときには、そのうちの最初の3点（いつ、どこで、だれが）を文章から確認できるかどうか、まず考えていきます。

②場面に分ける

説明文は、形式段落それから意味段落に分けていきました。物語文では、基本的に段落は用いません。物語文は、「場面」を押さえます。

内容の展開からすると、大きくは、「発端―経過―結末」とたどるのが一般的です。そして、場面を考える際の重要なポイントになってくるのが、「時」や「場所」です。

③変化に注目

　物語文で注意して読むべきは、「変化」です。何が変化するのか、物語によって異なりますが、主として描かれるのは心情の変化です。では、その変化は何（＝出来事など）をきっかけに、どのように変化したのか、そこを捉えていかなければなりません。変化の描かれているところが、物語のいわば山場になります。

　心情は、登場人物の心のありようですが、心情とともに「情景」の描写に目を向けることも大切です。単なる風景やようすの描写ではなく、登場人物の心情に照応する形で、作者が意図的に描いているものです。それを「情景描写」といいます。

④主題

　文学的な文章において、作者（説明文では筆者と呼ぶ）が作品に込めようとした思い、意図を考えます。考えるに当たっては、物語における変化のありように着目します。

4－10. 文学的な文章の読解例①――今西祐行作「一つの花」

┌関連──────
〔知識及び技能〕「情報
の扱い方」
〔思考・判断・表現〕
読むこと（文学的な文
章）

（1）作者について

　まず作者である今西祐行について、辞典からその経歴などを紹介しておきます。

　　今西祐行（1923-2004）

　　　昭和後期‐平成時代の児童文学作家。

　　　大正12年10月28日生まれ。第二早稲田高等学院在学中，坪田譲治に師事。昭和
　　20年学徒兵として原爆投下直後の広島で救援にあたり，みずからも被爆する。弱者
　　にあたたかい目をそそぐ作風で一貫し，「肥後の石工」，「浦上の旅人たち」（44年野
　　間児童文芸賞），「一つの花」などで歴史児童文学に新生面をひらいた。平成3年「今
　　西祐行全集」で芸術選奨。平成16年12月21日死去。81歳。大阪出身。早大卒。

　　　　　　　　　　　　　　　　　　　　　　　　（『日本人名大辞典』より）

　原爆投下後に広島を訪れた時の体験が、彼の作品の大きなモチーフになっており、その代表作が『ヒロシマのうた』（1970）です。平和への願いがこめられた8編が収められており、「一つの花」はこの中の一編です。

　では、テキスト（『ひろがる言葉　小学国語　4上』教育出版、2012年1月）をみながら読んでいきましょう。内容を指す際には、教科書の頁と行を（P82L2）のように、

あわせて記します。行は、教科書の下方に、5、10のように振られていますので、それを確認しましょう。

(2) 設定の確認

　主要登場人物は、「ゆみ子」「ゆみ子のお母さん」「ゆみ子のお父さん」です。「ゆみ子」は、言葉を覚え始めたころとあります。そして、10年後には、「ゆみ子が小さなお母さんになって、お昼を作る」とありますから、おそらく2歳前後と考えられるでしょう。

　時代の設定がわかる箇所はいくつかあります。

　　・まだ戦争のはげしかったころのこと　　　　　　　　　　　　　　　（P82L3）

みなさんは、「戦争」が太平洋戦争であることは、ただちにわかりますね。太平洋戦争の概略は、「1941年（昭和16）12月8日、真珠湾攻撃、日本のアメリカ、イギリスへの宣戦布告で始まり、1945年9月2日、日本の降伏文書調印によって終わった戦争。日本の指導者層は大東亜戦争と呼称した。1931年（昭和6）の満州事変に始まる日中十五年戦争の発展であり、日中戦争を重要な一部として含む。また世界的には第二次世界大戦の一部であり、その重要な構成要素であった。」（『大日本百科全書』「太平洋戦争」項目より抜粋）というものです。1941年から1945年の約5年間ですが、さらに、物語の記述から時期を絞って考えることができます。

　　・毎日、てきの飛行機が飛んできて、ばくだんを落としていきました。　（P83L1）

　　・町は、次々にやかれて、はいになっていきました。　　　　　　　　（P83L2）

　　・それからまもなく、あまりじょうぶでないゆみ子のお父さんも、戦争に行かなければ
　　　ならない日がやってきました。　　　　　　　　　　　　　　　　（P84L13）

前掲の事典に、1944年（昭和19）の「11月からは、サイパンを基地として大型爆撃機B-29が大挙して飛来、東京をはじめ各都市の空襲を開始し、本土の国民も直接の戦禍を受けるようになった。1945年1月には最高戦争指導会議で本土決戦即応態勢確立の方針が決まる一方、10代の少年から40代の老兵までが召集されて本土決戦用の兵力が増強された。」とあります。丈夫でないお父さんが戦争に行くのも、敗戦の色濃い状況を反映しています。そして戦争にいくお父さんを送る場面に「コスモス」が登場します。コスモスの盛りの時期は9月ですが、はやいと6月ころから咲き始め、11月ころまで咲きますので、お父さんの出征は、1944年11月か、あるいは1945年6月ころではないかと推測できます。

　また、

　　・食べる物といえば、お米の代わりに配給される、おいもや、豆や、かぼちゃしかあり

ませんでした。 (P82L6)

とみえます。配給自体は、1937年（昭和12）から徐々に始まっていましたが、主要食糧に関しては、1944年（昭和17）2月の食糧管理法公布、9月の中央食糧営団、10月―12月の地方食糧営団設立で、完全な国家管理下に置かれていました。

　以上から、この物語が1944年の秋か、その翌年6月ころを想定していることが推測されます。仮に1944年秋に、ゆみ子が2歳ぐらいだとすると、生まれたのは1942年。すでに戦争のまっただ中です。平和な時代を知らないままに育ってきているわけです。

　さらに、この物語を読んで、都会をイメージしている人は少ないと思います。場所について考える手がかりがあります。

　　　・プラットホームの<u>はしっぽ</u> (P87L1)
　　　・ゆみ子の<u>とんとんぶき</u>の小さな家 (P88L5)

地の文ではありますが、「はしっぽ」について、教科書は「はじっこ」という脚注を付けています。この語をさらに調べると、『日本国語大辞典』には、「(1) 端。先端。末端。端っこ。《はしっぽ》岐阜県養老郡498郡上郡504静岡県磐田郡546三重県員弁郡592三重郡594京都府与謝郡040」とあって、方言であることが知られます。また、「うすい木の板でおおわれた屋根。」という脚注のある「とんとんぶき」も、同じく『日本国語大辞典』に、「(1) 板ぶき。こけらぶき。また、その屋根。《とんとんぶき》長野県南佐久郡054伊那488492」とあるように、方言です。地域をみると、どちらかというと、中部地方に偏っているようです。作者がもし方言を意図して使ったというのであれば、物語の舞台として地方を想定しており、その土地柄を出す意味があると考えられるでしょう。

(3) 場面分け

　物語、小説の一般的な場面展開は、「発端―経過―結末」です。この「一つの花」について、大きく3つの場面に分けるとすると、その冒頭は、

　第1場面　「一つだけちょうだい。」 (P82L1)
　第2場面　「なんてかわいそうな子でしょうね。一つだけちょうだいと言えば、なんでももらえると思ってるのね。」 (P84L2)
　第3場面　それから、十年の年月がすぎました。 (P88L2)

のようになります。

　第2場面は、

　　　「なんてかわいそうな子でしょうね。一つだけちょうだいと言えば、なんでももらえ

ると思ってるのね。」

　　ある時、お母さんが言いました。

のように、ここで「ある時」という、限定された時点が示されます。ここから後が、
「ある時」の出来事として描かれているということが分かります。その前の場面
（P82-83）は、「戦争のはげしかったころ」という大枠の時代設定と、ゆみ子の口癖
が「一つだけちょうだい」であることを説明しています。ですから、それが物語の前
提となる叙述、つまり発端にあたります。

　　第3場面は、「それから、十年の年月がすぎました。」から始まり、物語は10年後
に移っています。

　　第2場面の中の展開も、実は、時が軸となっており、さらにこまかく分けていくこ
とができます。

　　第2場面の①　「なんてかわいそうな子でしょうね。一つだけちょうだいと言えば、なん
　　　　　　　　でももらえると思ってるのね。」<u>ある時</u>、……　　　　　（P84L2）

　　第2場面の②　それからまもなく、あまりじょうぶでないゆみ子のお父さんも、<u>戦争に
　　　　　　　　行かなければならない日</u>がやってきました。　　　　　　　（P84L13）

　　第2場面の③　ところが、いよいよ<u>汽車が入ってくるという時</u>になって、また、ゆみ子
　　　　　　　　の「一つだけちょうだい。」が始まったのです。　　　　　　（P86L3）

なお、教科書では、場面が切り替わる箇所には、たいてい一行分の空白が挟み込まれ
ています。形式上の手がかりになりますので確認してみてください。

（4）変化と山場

　　「一つの花」において、変化はどこにあるでしょうか。すぐに思い浮かぶのは、コ
スモスの花のありかたでしょう。第3場面は、10年後のゆみ子の家の描写です。

　　　・でも、今、ゆみ子のとんとんぶきの小さな家は、コスモスの花でいっぱいに包まれて
　　　　います。　　　　　　　　　　　　　　　　　　　　　　　　　　　（P88L4）

「でも」という接続語は、先行する内容に反する事柄を続けて述べる時に用います。
この前の文は、

　　　・それから、十年の年月がすぎました。
　　　　ゆみ子は、お父さんの顔を覚えていません。自分にお父さんがあったことも、ある
　　　　いは知らないのかもしれません。　　　　　　　　　　　　　　　（P88L2-4）

お父さんとの別れから10年を経過し、お父さんの存在自体がゆみ子の記憶の中に確
かなこととしては残っていない、とあり、それを受けての、「けれども」というつな
がりは、そうではあるけれども、お父さんの託したものが10年後のゆみ子のところ

104

には、いっぱいのコスモスの花として継がれているのだということを示していると受け取れます。私たち読者は、第2場面③で、お父さんがゆみ子に一つのコスモスの花を渡したことを思い起こすからです。

　　・お父さんは、プラットホームのはしっぽの、ごみすて場のような所に、わすれられたようにさいていたコスモスの花を見つけたのです。あわてて帰ってきたお父さんの手には、一輪のコスモスの花がありました。
　　「ゆみ。さあ、一つだけあげよう。一つだけのお花、大事にするんだよう……。」

（P87L1-10）

お父さんが手渡した、一つのコスモスの花がそのまま栽培された、ということではありません。ちなみにコスモスは一年草で、種から増やします。お父さんが手渡した花から増えることはないのです。では、何が引き継がれているのかというと、それは花そのものではなく、その花に託された意味にあると考えなければなりません。

　この、「一つだけの花」に託された意味は、「一つの命」であるという考え方があります。それは、ゆみ子に花を渡すときの言葉に、

　　・「ゆみ。さあ、一つだけあげよう。一つだけのお花、大事にするんだよう……。」

（P87L6-7）

とあることや、お父さんが汽車に乗って行くときに、

　　・ゆみ子のにぎっている一つの花を見つめながら……。　　（P87L13）

というところからです。戦地に赴く自身の命の行方を思いながらも、ゆみ子には自分の命を大切にして欲しいという願いのあらわれだと捉える考え方です。

　もちろん、命を大切にして欲しいという願いを排除するものではありませんが、一つの花に込められているのが、命への思いだけなのか、あらためて考えてみたいと思います。それは、場面における「一つだけ」の言葉のもつ意味の変化ということと関係があります。「一つだけ」は、第1場面から、ゆみ子の最初に覚えた言葉だとわかります。おなかいっぱい食べさせてやりたいけれども、それができない中で、お母さんの食べる中から分け与える精一杯の愛情の表れがお母さんの「一つだけ」でした。その口癖をゆみ子は覚えたのです（P83L6-14）。

　第2場面①では、その口癖をめぐって、お母さんとお父さんのやりとりがあります。

　　・「なんてかわいそうな子でしょうね。一つだけちょうだいと言えば、なんでももらえると思ってるのね。」
　　ある時、お母さんが言いました。
　　すると、お父さんが、深いため息をついて言いました。

「この子は一生、みんなちょうだい、山ほどちょうだいと言って、両手を出すことを
知らずにすごすかもしれないね。……一つだけのいも、一つだけのにぎり飯、一つだ
けのかぼちゃのにつけ…。みんな一つだけ。一つだけの喜びさ。いや、喜びなんて、
一つだってもらえないかもしれないんだね。いったい、大きくなって、どんな子に育
つだろう。」
　そんな時、お父さんはきまって、ゆみ子をめちゃくちゃに高い高いするのでした。

（P84L2-12）

お腹をすかせたゆみ子が欲していたのは、食べ物でした。「一つだけのいも」「一つだ
けのにぎり飯」「一つだけのかぼちゃのにつけ」と数えあげながら、お父さんはそれ
を「一つだけの喜び」と言い換えます。しかし、また直ぐにそれを否定します。「喜
びなんて、一つだってもらえないかもしれない」「いったい、大きくなってどんな子
に育つだろう」というところに注意してください。お父さんは、食べ物を得ることが
本当の意味での「喜び」ではないということを知っているので、本当の喜びを一つも
味わうことなく育つゆみ子の将来を懸念しているのです。だからこそ、せめてその一
瞬の時だけでも、ゆみ子が喜ぶようにと、ゆみ子の体を高く抱え上げるのです。この
場面は、とても重要な伏線になります。
　さらに、「一つだけ」が変化する場面があります。第2場面③です。
　　・「ゆみ。さあ、一つだけあげよう。一つだけのお花、大事にするんだよう……。」
　　　ゆみ子は、お父さんに花をもらうと、キャッキャッと、足をばたつかせて喜びました。
　　　お父さんは、それを見て、にっこりわらうと、何も言わずに汽車に乗って行ってしま
　　　いました。
前にもあげた箇所ですが、ここで、お父さんから渡された「一つだけのお花」を手に
して、ゆみ子がとても喜んでいるという場面です。なぜゆみ子が喜んだのか、不思議
ではありませんか。お父さんがコスモスの花を手渡したのは、ゆみ子が「おにぎり」
をもらおうと、だだをこねた末に泣き出していたからでした。
　　・ところが、いよいよ汽車が入ってくるという時になって、また、ゆみ子の「一つだけ
　　　ちょうだい。」が始まったのです。
　　　「みんなおやりよ、母さん。おにぎりを……。」
　　　お父さんが言いました。
　　　「ええ、もう食べちゃったんですの……。ゆみちゃんいいわねえ、お父ちゃん、兵隊
　　　ちゃんになるんだって、ばんざあいって……。」
　　　お母さんはそう言って、ゆみ子をあやしましたが、ゆみ子はとうとう泣きだしてしま
　　　いました。

「一つだけ……。一つだけ……。」

と言って。 (P86L3-12)

コスモスの花はおにぎりではないので、ゆみ子は食べることはできません。でも、渡された花で喜ぶゆみ子の姿をみて、お父さんは「にっこり笑」うことができたのです。ただ空腹を満たすだけのものではない、花という存在で得られる幸せのあることを、ゆみ子が感じ取ってくれたことが、お父さんにとっては何よりのうれしさでした。

つまり、「一つの花」「一つだけの花」は、戦時下、本来ならば人として味わえるはずの幸福や楽しみ、喜びの象徴であることが知られるのです。しかも、お父さんが見つけてきたそのコスモスは一体どこにあったでしょうか。

・お父さんは、プラットホームのはしっぽの、ごみすて場のような所に、わすれられたようにさいていたコスモスの花を見つけたのです。 (P87L1-4)

コスモスが「ごみ捨て場のような所に、わすれられたようにさいていた」という描写から、当時、当たり前の個人の幸せは見向きもされず、むしろうち捨てられていたことを読み取ることができます。

そもそも、そのような花を見つけることのできるゆみ子のお父さんは、全体的な風潮から、少し距離を置いていたことがわかります。

・駅には、ほかにも戦争に行く人があって、人ごみの中から、ときどき、ばんざいの声が起こりました。また、別の方からは、たえずいさましい軍歌が聞こえてきました。ゆみ子とお母さんのほかに見送りのないお父さんは、プラットホームのはしの方で、ゆみ子をだいて、そんなばんざいや軍歌の声に合わせて、小さくばんざいをしていたり、歌を歌っていたりしていました。まるで、戦争になんか行く人ではないかのように……。 (P85L13-P86L2)

国家総動員法が1938年（昭和13年）に制定され、緊急事態の名のもと、政府は国をあげて戦争をする方向に突き進みます。政党や政治団体を解散して大政翼賛会がつくられ、町内会や隣組が下部組織に組みこまれました。これにより戦争に反対する思想や発言も厳しく取りしまられたのです。そのような時代背景で、ゆみ子のお父さんが、「まるで戦争になんか行く人ではないかのように」振る舞っていたのは、特異なことなのです。

以上から、物語の山場は、お父さんがプラットホームのはしの、ごみ捨て場のようなところに、忘れられたように咲いていたコスモスを見つけ、それをゆみ子に渡すところだと捉えられます。それ以前の場面での「一つだけ」は、「一つだけの食べ物」であって、ゆみ子の空腹からの訴えでした。しかし、お父さんは、それを「一つだけ

のお花」に変えました。そしてゆみ子は、渡されたコスモスの花をたいそう喜んでいるのです。本当であれば、平穏な生活の中にもたらされる何気ない喜び、幸せ、その象徴としてのコスモスの花、その花を喜ぶゆみ子の様子に、ゆみ子の将来を不安に思っていたお父さんは、とても救われているのです。10年後のゆみ子とお母さんの家にコスモスの花がたくさんあるのは、何気ない喜び、幸せに包まれた日常を取り戻せていることの表れだと言えるでしょう。

(5) 主題

最後に、この物語の主題を文章にまとめておきましょう。

> 食べることもままならない戦時下に生まれ育ったゆみ子が、最初に覚えたことばは、「一つだけ」である。父親は、ゆみ子が、平穏な生活の中で味わえるはずの喜びを知らないまま成長することを不憫に感じていた。敗戦が色濃くなり、体の弱い父親も出征することになる。おにぎりをせがんで泣き出したゆみ子に、父親は、見つけてきた一輪のコスモスを手渡す。人が忘れてはならない、日常にある幸せの一つの象徴である。それを喜ぶゆみ子に微笑みを返し、幸せの訪れを願うかのように父親は戦地に赴いていった。10年後、ゆみ子と母親の家はコスモスに包まれており、二人が日常を穏やかに過ごしていることが知られる。非常時においても、人間らしい生の喜びを与えたいと願う、親の深い心を描く作品である。(324字)

あらすじを書いてくださいというと、お話の出だしだけを書く人がいますが、それはあらすじとはいえません。内容の軸を絞り込みながら、作品から読みとる事ができた作者の意図、すなわち作品の主題も書き加えてまとめていきます。

4-11. 文学的な文章の読解例②——椋鳩十 作「大造じいさんとガン」

(1) 作者について

作者の椋鳩十の名前は、氏が椋、名が鳩十という珍しいペンネームです。まずは作者について、次の解説を読んでください。

> 関連
> [思考・判断・表現]
> 読むこと(文学的な文章)

> 椋鳩十 [1905年—1987年]
>
> 児童文学作家。本名久保田彦穂(ひこほ)。長野県生まれ。法政大学国文科卒業後、鹿児島に渡り、女学校の教員を勤める。1947年(昭和22)から66年まで鹿児島県立図書館長。初め詩人として出発したが、少年時代の長野の山歩きの体験から野生動物に関心を抱くようになり、38年『少年倶楽部(くらぶ)』に『山の太郎ぐ

ま』を発表。以後、児童を対象とする動物文学に専念する。男性的で格調高い文体にのせて、生きることへの憧憬（しょうけい）と人間への信頼を伝え、多くの読者を獲得した。52年『片耳の大鹿（おおしか）』で文部大臣奨励賞、70年『マヤの一生』で赤い鳥文学賞を受賞した。

（『日本大百科全書』［松田司郎氏担当執筆］より）

『椋鳩十全集』（全26巻、ポプラ社）も刊行されています。みなさんもどこかで作品を読んだことがあるかもしれません。

　椋鳩十は長野生まれですが、鹿児島で教職に就き、その後長く鹿児島にいたことがわかります。なるほど、「大造じいさんとガン」の舞台とも関係がありますね。大造じいさんの家があるのは、「栗野岳のふもと」です。「栗野岳」は、鹿児島県北部の山ですから、椋鳩十にとってなじみの深い土地だとわかります。

（2）設定の確認

　テキストは、『国語五　銀河』（光村図書、2021年2月）です。

　主要登場人物は、大造じいさん、そしてガンの残雪ということになるでしょう。どのように紹介されているか、文章から読み取っていきましょう。

　大造じいさん

　　・七十二さいだというのに、こしひとつ曲がっていない、元気な老かりゅうど。

（P102L3）

　　・なかなか話し上手の人。

（P220L3）

　残雪

　　・一羽のガンにつけられた名前です。左右のつばさに一か所ずつ、真っ白な交じり毛をもっていたので、かりゅうどたちからそうよばれていました。　（P103L7-11）

　　・残雪は、このぬま地に集まるガンの頭領らしい、なかなかりこうなやつ。（P104L1）

そのほかにも、物語の作者として登場する「わたし」、「わたし」をさそった「イノシシがりの人々」がいますが、じいさんに捕まった残雪の仲間のガンや「ハヤブサ」も大事な役目を果たします。

　文章を読むときには、わかりにくい語句の意味を調べます。その際、意味を調べる国語辞典だけでなく、さまざまな事柄について記述されている事典などを引くこともとても大切になります。たとえば鳥類としての、ガンとハヤブサですが、どのような鳥でしょうか、どちらの方が大きいと思いますか。

　ガン類のマガンは、北半球の北部で繁殖し、冬は南へ移動する渡り鳥です。秋から冬にかけて日本に渡来し、春に日本を離れ、繁殖地に移動します。いわゆる冬鳥で

す。体長72センチメートルほど、羽を広げると140センチメートルにもなる大型の水鳥で、体は灰褐色。湖沼、水田、干潟などを歩いて、植物質の餌を拾い、湖沼や海上を泳いで水面の餌を食べます。秋冬には大群で生活し、群れで飛ぶ場合には整然としたV字の隊列を組みます。

　一方の、ハヤブサは、渡り鳥ではなく留鳥です。体長は雄が38センチメートル、雌が61センチメートル。羽を広げると124～132センチメートル程度。冬場は、全国の海岸、河口、湖沼畔、原野といった開けた場所に住み、飛んでいる鳥を上から急降下して足でけって捕らえます。

　鳥の習性がわかってくると、

　　・ガンの群れを目がけて、白い雲の辺りから、何か一直線に落ちてきました。

　　「ハヤブサだ。」　　　　　　　　　　　　　　　　　　（P231L14～P232L1）

というところは、ハヤブサの急降下の様子だと知られます。また、残雪が、

　　・あの大きな羽で、力いっぱい相手をなぐりつけました。　　　（P233L13）

というのも、ガンの大きさを描写しているところですし、大きさからすれば、ハヤブサよりもガンのほうがやや大きいということがわかります。

（マガン）

（雁行と呼ばれるV字）

（獲物を捕らえたハヤブサ）
（写真提供：いずれもピクスタ）

　ただし、実際のことと厳密に照らし合わせると、マガンは島根県以西に飛来してくることはないようなので、それならば、なぜマガンを取り上げたのか、その理由は不明です。ひとつの課題となるでしょう。いずれにせよ、作者による虚構の部分も念頭においておく必要があります。

参考：『野鳥ハンドブック』（財団法人　日本野鳥の会）、『日本の野鳥』（山と渓谷社）

環境省「渡り鳥関連情報」http://www.env.go.jp/nature/dobutsu/bird_flu/migratory/index.html

（3）場面分け

　この物語では、場面の1～4までに数字が振られています。第1場面の前の文章を仮に0としておきましょう。0場面は、「物語」に入る前のプロローグとして位置づけられます。「わたし」が、実際に「大造じいさん」から聞いた話を基にしていると

語る内容です。これによって、実話のように受け止めた読者は、「大造じいさん」の話しに耳を傾け、いったいそれはどのような話しなのかという興味関心を高めていきます。ちなみに『ひろがる言葉　小学国語五年』(教育出版、令和2年度版) に収められる「大造じいさんとがん」には、プロローグがありません。この部分の有無によって、物語の設定が変わるので注意が必要です。

　第1場面以降、時が35～36年も遡ります。ですから、第1場面以降の「大造じいさん」は、「72歳－35＝37歳」から、実際は36～37歳くらいになります。物語を通して、「大造じいさん」と書かれていますから、ついうっかり、このことを忘れてしまいがちです。

　場面の展開については、第1場面から時間を軸に場面が推移していることがわかります。第1場面冒頭では、

　　・今年も、残雪は、ガンの群れを率いて、ぬま地にやって来ました。　　　　（P231L8）

第2場面冒頭は、

　　・その翌年も、残雪は、大群を率いてやって来ました。　　　　　　　　　（P225L10）

第3場面冒頭は、

　　・今年もまた、ぼつぼつ、例のぬま地にガンの来る季節になりました。　　（P229L2）

一年の内でガンの飛来する時期である秋を基準にして、1年目、2年目、3年目と時間が推移しています。そして、毎年、毎年、大造じいさんはガンを捕らえるために、うなぎ釣り針作戦、タニシばらまき作戦、おとり作戦といった作戦を立てていましたね。

　最後の第4場面は、

　　・残雪は、大造じいさんのおりの中で、一冬をこしました。春になると、……

　　　　　　　　　　　　　　　　　　　　　　　　　　　　　　　　　　　　　（P236L2）

とあって、3年目の秋から冬を越して、そのまま翌春を迎えたことがわかります。

（4）変化と山場

　変化と山場を確認するために、場面ごとに、どのような出来事があったのかということ、それに対応する大造じいさんの心のあり方はどうであったのかということがわかる箇所を抜き出し、変化を追っていきましょう。

　1年目、2年目、3年目と残雪に向き合う大造じいさんの気持ちが徐々に変化していきます。最初のウナギ釣り針作戦の失敗では、「なかなかたいしたものだ」と感心できるほどに、余裕のあった大造じいさんですが、2年目は「またしてもしてやられ」て「ううん」とうなるぐらいですから、ずいぶん悔しい思いをしています。そし

て３年目のおとり作戦の時にはやぶさの奇襲があり、そこで残雪が、大造じいさんにとっては思いもかけない行動をとっていきます。その、残雪の、わが身を省みず仲間のガンを助ける姿に、大造じいさんは「強く心を打たれてただの鳥に対しているような気がしなかった」とあります。第３場面の最後は、大きく大造じいさんの心のあり方が変化する箇所であり、全体の山場と言えます。「強く心を打たれて」とありますが、何に心を打たれたのかはとても重要です。「いかにも頭領らしい」「頭領としてのいげん」という言葉がキーワードです。「頭領」とは、集団を率いる立場の人を呼ぶ言葉ですね。ガンの群れを率いる残雪の頭領らしさは、仲間のガンを自分の身を挺して助ける勇気ある姿であり、すでに戦う力はないものの、「残りの力をふりしぼって」、敵である人間に立ち向かう姿をみせているところに、「強く心を打たれて」います。そして最後の場面は、傷ついた残雪を助け、傷の癒えた残雪を仲間の元に返すところに、残雪に対する大造じいさんの気持ちの変化の結果が明確にあらわれています。それは、ガンの「英雄」として残雪に向き合い、呼びかけることばに集約されていました。「ひきょうなやり方でやっつけたかあない」「堂々と戦おう」という言葉には、残雪を好敵手（敵とするのに不足のない者）と見ていることが明らかです。

（5）主題

では、主題をまとめておきましょう。

> 狩人の大造じいさんは、ガンの頭領である残雪のために、一羽のガンも得られなくなり、残雪のことをいまいましく思っていた。毎年のように、仕掛けを考えては、仕留めようとするが、常に残雪に見破られてしまい、感心するどころか、悔しい思いまでしていた。三年目の冬、大造じいさんはおとりを使って捕まえようとするが、おとりのガンのほうがハヤブサに襲われてしまう。その時、仲間を助けようと残雪が現れ、大きな傷を負う。残雪の姿を目にして、大造じいさんは仲間を思う残雪の勇気や、その威厳に感じ入る。人と鳥という関係を越えて、存在としての尊厳を知らしめる作品である。（260字）

「大造じいさんとガン」は、太平洋戦争に突入する直前の1941年11月、月刊誌「少年倶楽部」に発表されました。発行所は大日本雄弁会講談社で、今の講談社の前身です。戦後、内容が、少年を戦争に駆り立てるものではないかと批判された時期があります。仲間のために戦う姿や堂々と戦うところを取り上げて、敵と戦う勇気を鼓舞するように受け止められたようです。しかし、大造じいさんの心の変化からうかがえる内容を把握するならば、作者の意図は、そこにはないと考えられます。普通であ

れば、動物（鳥）などというのは、取るに足らないものとみなされて当然です。しかし、そういった動物であっても、高い尊厳（犯しがたい尊さ）を持ちうる事をまず伝えています。それだけでなく、さらに重要なのは、自分が見たままのことを、素直に謙虚に認めて、相手を尊重できる大造じいさんの心のあり方といえるでしょう。立場を越えて、お互いを認め合えることの素晴らしさを伝えていると考えることができます。

（6）情景描写

　単に景色、場面を描いたものだけではなく、登場人物の心を通して見た周囲の様子を描く場合があります。同じような朝の光景であっても、どのような気持ちで迎えた朝なのかによって、見え方が変わってきます。情景描写とは、その見え方、心情を反映させるかのように、表現されたものです。

　では、大造じいさんの心情を想像できる情景描写をいくつか確認していきましょう。

まず第１場面。

　　・秋の日が、**美しくかがやいて**いました。　　　　　　　　　　　　（P224L7）

まず、「美しくかがやいて」に注目しましょう。なぜ、「秋の日が照っていました。」ではないのでしょうか。その前の内容を見てみると、大造じいさんは、ウナギつりばりで一羽の生きているガンを手に入れます。危険を感じてえさ場をかえたらしく付近には一羽も見えませんが、たかが鳥のことだからまた忘れてやってくるにちがいないと考えて、昨日よりも、もっとたくさんのつりばりをばらまいておきました。その翌日、しかけた場所に出かけていくという箇所です。当然のことながら、大造じいさんは、しかけにうまくガンがかかっていると思っています。大造じいさんに成功への期待が十分にあることを、陽射しの美しさ、輝きで表しています。

　第２場面、

　　・あかつきの光が、小屋の中に**すがすがしく**流れこんできました。　（P226L11）

とあります。ここも、単に、「あかつきの光が、小屋の中にさしこんできました。」でもよいはずですが、そうでないのはなぜでしょうか。前の所を確認すると、大造じいさんが、タニシを四、五日ばらまくことで、ガンの群れは、「そこが、いちばんの気に入りの場所となったよう」とあり、大造じいさんのねらいどおりになっていました。「大造じいさんは、うまくいったので、会心のえみをもらし」ています。そこで、夜の間に作った小さな小屋にもぐりこんで、やってくるガンの群れを今か今かと待っている状態です。「すがすがしく」とは、さわやかで気持ちよくという意味です

ね。沼地で一晩中過ごしていた大造じいさんは、しっかりと準備を整えて、待ちに待った朝を向かえるわけですから、あとは本番に臨むだけという、すっきりとした心境にいることがわかります。

第3場面です。

　　・東の空が**真っ赤に燃えて**、朝が来ました。　　　　　　　　　　　（P230L14）

朝が来た様子です。「東の空が明るくなって、朝がきました」といった表現ではないのも、ここはわかりやすいでしょう。大造じいさんは夜のうちに小屋の中にもぐりこんで、ガンの群れを待つことにしました。そして、「さあ、いよいよ戦闘開始だ。」という言葉を発していることから、戦いにむけた闘志を「真っ赤に燃えて」で印象づけているようです。

第4場面です。

　　・らんまんとさいたスモモの花が、その羽にふれて、**雪のように清らかに**、はらはらと
　　　散りました。　　　　　　　　　　　　　　　　　　　　　　　（P237L3〜4）

快復した残雪が一直線に空へ飛び上がった時の様子です。この1文はたいへん美しい表現です。この文に続けて「ガンの英雄よ。おまえみたいなえらぶつを、おれはひきょうなやり方でやっつけたかあないぞ。……今年の冬も、仲間を連れてぬま地にやって来いよ。そうして、おれたちは、また堂々と戦おうじゃないか。」と、花の下に立って、大造じいさんは大きな声で呼びかけています。残雪を送り出す晴れやかで清々しい場面にふさわしい光景です。

また、残雪の羽が触れることで、スモモの真っ白な花びらが空中にはらはらと散っていく様子は、よみがえった残雪の姿をとても美しく浮かび上がらせます。実は、残雪の羽と白い花びらとが交叉する表現は、第3場面にもありました。

　　・　ぱっ
　　　　ぱっ
　　　羽が、白い花弁のように、すんだ空に飛び散
　　　りました。　　　　　　　　　　　　　　　　（P234L4〜6）

（スモモの花）

ハヤブサが残雪のむな元に飛び込み、残雪の羽が散るところです。その羽が白い花弁のように飛び散ったと描かれています。激しい戦いの中にも美しさのある描写ですね。戦いで白い花弁のように散ってしまった羽です。その痛んだ羽が、第4場面で残雪が飛び立つときには、白いスモモの花が、残雪の羽に触れて雪のように散っていくとあり、春の生気をうけてよみがえった残雪の姿を象徴的に表しているようです。そ

もそも「残雪」という名前が、「左右のつばさに一カ所ずつ、真っ白な交じり毛をもっていた」ところから付けられており、ここで「雪」を比喩に用いることも効果的です。

　物語は、軸となる筋の展開と、その筋を支える細かな部分（表現）とが一体となって、ひとつの物語世界を作り上げています。そのことに注意しながら読んでいくことで、作者の表現の意図を理解していくことが可能となります。自分の思い込みでとらえるのではなく、時代背景、言葉の意味、物に込められた意味、価値など、丁寧に調べていくことは、正確に読み解く上では大切なことです。

　学習指導要領では、「読むこと」の指導事項の最後に「考えの形成」があります。文学的な文章を読んで、感じたこと考えたことを自らも表現する活動です。思うこと、感じることは人によってそれぞれですが、その内容が、自己の生き方の振り返りのみになってしまうと、それは道徳教材に近くなってしまいます。国語では、文章表現のあり方を学び、どのような文章表現が、どのような意味内容を生みだしているのかに目をむけられるようにしたいものです。

5．国語の指導

5－1．学習指導要領における「国語」科の目標及び主な内容並びに全体構造

（1）平成29年改訂の学習指導要領の方向性

　H28年12月の中央教育審議会の答申を受け、平成29年3月31日付で新しい学習指導要領が告示されました。文科省「幼稚園教育要領、小・中学校学習指導要領等の改訂のポイント」に詳しく書かれていますが、今回の改訂では、知・徳・体にわたる「生きる力」を子供たちに育むために「何のために学ぶのか」という各教科等を学ぶ意義を共有しながら、授業の創意工夫や教科書等の教材の改善を引き出していくことができるようにするため、全ての教科等の目標及び内容を「知識及び技能」、「思考力、判断力、表現力等」、「学びに向かう力、人間性等」の三つの柱で再整理されました。

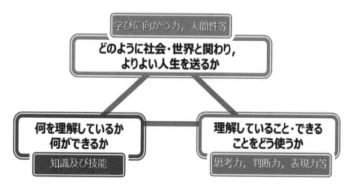

（「「指導と評価の一体化」のための学習評価に関する参考資料」より）

また新学習指導要領実施スケジュールはこのように行われています。

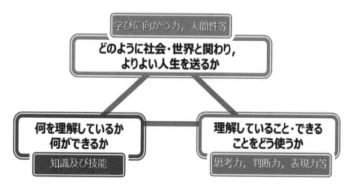

改訂は10年に一度の周期で行われていますので、その都度、何が改訂されたのか、そこで注意する点は何かを確認しておく必要があります。

　国語の場合、とくに注意すべきは漢字の指導に関する部分です。「学年別漢字配当表」の漢字が20字増えて1026字になりました。新しい漢字は第4学年に配当されており、その場合に、第4学年の負担が大きくならないように、それまで第4学年で学習していた漢字が第5学年第6学年に移行されています*1。

(2)「国語」科の目標

> 言葉による見方・考え方を働かせ、言語活動を通して、国語で正確に理解し適切に表現する資質・能力を次のとおり育成することを目指す。
> （1）日常生活に必要な国語について、その特質を理解し適切に使うことができるようにする。
> （2）日常生活における人との関わりの中で伝え合う力を高め、思考力や想像力を養う。
> （3）言葉がもつよさを認識するとともに、言語感覚を養い、国語の大切さを自覚し、国語を尊重してその能力の向上を図る態度を養う。

＝知識及び技能

＝思考力・判断力・表現力

＝学びに向かう力、人間性等

*1
「文部科学省告示第九十三号」(H29. 7. 7)「2　国語」
　平成30年度及び平成31年度の第1学年から第6学年までの国語の指導に当たっては、現行小学校学習指導要領第2章第1節の規定にかかわらず、その全部又は一部について新小学校学習指導要領第2章第1節の規定によることができる。ただし、現行小学校学習指導要領による場合には、平成30年度及び平成31年度の第4学年並びに平成31年度の第5学年の国語の指導に当たっては、現行小学校学習指導要領第2章第1節の別表の学年別漢字配当表にかかわらず、新小学校学習指導要領第2章第1節の別表の学年別漢字配当表によることとする。

目標に、「国語で正確に理解し適切に表現する資質・能力」を育成するとあります。「理解」と「表現」は、言語活動でいえば、それぞれ

　　理解＝聞く力　　読む力

　　表現＝話す力　　書く力

となります。「理解」と「表現」が連続的かつ同時的に機能することが前提となりますが、「表現」のための考えの形成には、国語で表現された様々な事物、経験、思い、考え等の「理解」が必要であることから、「理解し」そして「表現する」という順序性をもたせているわけです。「言葉による見方・考え方を働かせ」るという実際は、「児童が学習の中で、対象と言葉、言葉と言葉との関係を、言葉の意味、働き、使い方等に着目して捉えたり問い直したりして、言葉への自覚を高めること*2」です。当然ながら、児童のそうした意識を喚起するために、指導者の言葉に対する深い理解が欠かせないことは言うまでもありません。

　続く（1）（2）（3）は、（1）が国語の特質理解、（2）が伝え合う力、思考力、想像力、（3）が国語尊重の態度という点において、2007年6月に学校教育法の改

正*3により示された、
1. 基礎的な知識・技能
2. 思考力・判断力・表現力等の能力
3. 主体的に学習に取り組む態度
からなる、「学力の3要素」（三つの柱）に対応するものとなっています。

（3）「国語」科の内容の構成

　「学習指導要領」における、「国語」科の内容の構成を確認します。この構成も、三つの柱に沿って組み替えられました。

〔知識及び技能〕
　（1）言葉の特徴や使い方に関する事項
　（2）情報の扱い方に関する事項
　（3）我が国の言語文化に関する事項
〔思考力，判断力，表現力等〕
A話すこと・聞くこと
B書くこと
C読むこと

　〔知識及び技能〕の（1）「言葉の特徴や使い方に関する事項」には、次の8つの面から学習内容が設定されています。
①「言葉の働き」②「話し言葉と書き言葉」③「漢字」
④「語彙」⑤「文や文章」⑥「言葉遣い」⑦「表現の技法」
⑧「音読，朗読」

　（2）「情報の扱い方に関する事項」では、話や文章に含まれている情報を取り出して整理したり、その関係を捉えたりすることが挙げられています。話や文章の中において、どのような順序で情報が組立てられているのかを理解する力をまず身につけ、その力を、自身の情報を整理して，その関係を分かりやすく明確にしながら話や文章で表現することにつなげていかなければなりません。

　（3）「我が国の言語文化に関する事項」は、「伝統的な言語文化」「言葉の由来や変化」「書写」「読書」に関する内容です。

　〔思考力，判断力，表現力等〕は、「A話すこと・聞くこと」「B書くこと」及び

*2
「小学校学習指導要領
（平成29年告示）解説
国語編」平成29年7月
*3
《参考》改正学校教育
法第29条、第30条
第29条　小学校は、
　心身の発達に応じ
　て、義務教育として
　行われる普通教育の
　うち基礎的なものを
　施すことを目的とす
　る。
第30条　小学校にお
　ける教育は、前条に
　規定する目的を実現
　するために必要な程
　度において第21条
　各号に掲げる目標を
　達成するよう行われ
　るものとする。
　◦2　前項の場合に
　おいて、生涯にわ
　たり学習する基盤
　が培われるよう、
　基礎的な知識及び
　技能を習得させる
　とともに、これら
　を活用して課題を
　解決するために必
　要な思考力、判断
　力、表現力その他
　の能力をはぐく
　み、主体的に学習
　に取り組む態度を
　養うことに、特に
　意を用いなければ
　ならない。
※　第30条第2項は、
　中学校及び高等学校
　に準用

118

「C読むこと」からなる3領域ごとに、（1）指導事項、（2）言語活動例をそれぞれ示しています。

　各領域の（1）「指導事項」は、扱う教材の学習過程に沿って以下のように提示されています。

A 「話すこと・聞くこと」の（1）指導事項
○話題の設定，情報の収集，内容の検討
○構成の検討，考えの形成（話すこと）
○表現，共有（話すこと）
○構造と内容の把握，精査・解釈，考えの形成，共有（聞くこと）
○話合いの進め方の検討，考えの形成，共有（話し合うこと）

B 「書くこと」の（1）指導事項
○題材の設定，情報の収集，内容の検討
○構成の検討
○考えの形成，記述
○推敲
○共有

C 「読むこと」の（1）指導事項
○構造と内容の把握
○精査・解釈
○考えの形成
○共有
　つまり、扱う教材は異なっても、同じ言語活動の領域であれば、同じ学習過程をたどりながら、発達段階に応じた学びをらせん状に反復しながら深めていくことになるわけです。さらに言えば、たとえば「話すこと・聞くこと」の「○話題の設定，情報の収集，内容の検討」が、「書くこと」の「○題材の設定，情報の収集，内容の検討」と通じているように、それぞれの領域で学習したことは、相乗的に次の学習につながるものになっていきます。

（4）学習指導における教科書（教科用図書）の役割
　みなさんは学校で国語を学習する際に、必ず教科書を用いていたと思います。その

教科書とはどういうものなのか、確認しておきましょう。

　文部科学省は、教科書について、「小学校、中学校、義務教育学校、高等学校、中等教育学校及びこれらに準ずる学校において、教育課程の構成に応じて組織排列された教科の主たる教材として、教授の用に供せられる児童又は生徒用図書」であることとし、続けて、「文部科学大臣の検定を経たもの又は文部科学省が著作の名義を有するもの」（「教科書の発行に関する臨時措置法」第二条、昭和二十三年法律第百三十二号）と規定しています。

　つまり、教科書には、文部科学省の検定を経た教科書（文部科学省検定済教科書）*⁴と、文部科学省が著作の名義を有する教科書（文部科学省著作教科書）があって、「学校教育法」（第二十一条、昭和二十二年法律第二十六号。平成三十年の改正により第三十四条に移行）に、小学校においては、これらの教科書を使用しなければならないと定めています。ただし、平成三十年改正三十一年四月施行の第三十四条第二項には、児童の教育の充実を図ることができると判断される場合、教科書の一部をデジタル教科書に代えて使用することができるということ、さらに第三項には、視覚障害、発達障害その他の事由によって教科書の使用が困難な場合には、全体にわたって使用できると記載されています。改正は、近年の情報通信機器の発達に鑑みたもので、児童の健康面、機器の安定的な使用などの課題に配慮しつつ、今後、デジタル教科書の使用は拡大すると考えられます。

*4
文部科学省検定済教科書は、基本、4年ごとに改訂されます。国語は、H31年度は4種類（東京書籍、学校図書、教育出版、光村図書）、書写は5種類（東京書籍、学校図書、教育出版、光村図書、日本文教出版）の教科書が、検定済教科書として発行されています。文部科学省著作教科書は、近年、高等学校の農業、工業、水産、家庭及び看護の教科書の一部や特別支援学校用の教科書に限られています。

　教科書は「教科の主たる教材」という役割を果たすことが第一の目的です。では、教材とは何かといえば、児童に身につけさせたい知識・技能、表現力・思考力・判断力などの習得に向かわせるための具体的な材料のことです。この材料を児童の学習目標の実現のために効果的に扱えるかどうかは、授業者の教材分析力に比例することになるでしょう。

　児童の学習目標や大まかな教育内容は、もちろん「学習指導要領」に書かれています。全国のどの地域で教育を受けても、一定の水準の教育を受けられるようにするため、学校教育法等に基づき、各学校で教育課程（カリキュラム）を編成する際の基準として文部科学省が提示しているのです。

５－２．指導計画と学習評価

（１）年間の指導計画

　学習指導は、１年間の計画の元で進めます。目標は、学習指導要領においては、低学年、中学年、高学年という２学年ずつひとまとまりになっていますが、児童の実態に応じて目標を達成できるように、教材（教科用図書）を用いてどのように学習指導を行うのか、１年間の計画を立てていきます。その際、学習指導要領の「第３　指導計画の作成と内容の取り扱い」にある配慮事項を踏まえなければなりません。

　教科によって授業時数が異なります。国語の場合、１年間の授業時数は、学年ごとに次の通りです。*5

	第１学年	第２学年	第３学年	第４学年	第５学年	第６学年
国語の授業時数 （一単位時間45分）	306	315	245	245	175	175

（「学校教育法施行規則」第51条別表第１より抜粋）

　さらに、領域のうち、「Ａ話すこと・聞くこと」「Ｂ書くこと」については、配当する時間が決まっていますので、そこに配慮して、意図的・計画的に指導を行わなければなりません。

	第１学年	第２学年	第３学年	第４学年	第５学年	第６学年
Ａ話すこと・聞くこと	35	35	30	30	25	25
Ｂ書くこと	100	100	85	85	55	55

（「指導計画の作成と内容の取り扱い」より）

　教科書では、こうした配慮事項を踏まえ、単元というまとまりを作りながら、教材が配列されています。

（２）単元の指導計画

　単元は、学習活動の区分やまとまりを示すものです。年間の指導計画のもとに、単元ごとの指導計画を立てていきます。H29の学習指導要領では、（１）「知識及び技能」の習得（２）「思考力・判断力・表現力」の育成（３）「学びに向かう力、人間性等」の涵養を、単元などの内容や時間のまとまりを見通した授業展開で実現させていくことが目指されています。

　国語科では、一つの単元において、たとえば〔思考力・判断力・表現力〕「Ｃ　読むこと」の指導事項と「Ａ　話すこと・聞くこと」あるいは「Ｂ　書くこと」の指導事項を組み合わせていく学習過程をとる場合もあれば、〔知識及び技能〕の（１）「言

葉の特徴や使い方に関する事項」①「言葉の働き」に重点をおいた学習を行う場合も
あります。後者は、前者より比較的少ない時数で行うので、小単元と呼んだりしま
す。

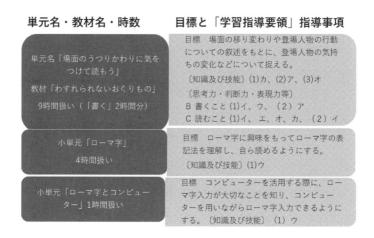

単元名・教材名・時数	目標と「学習指導要領」指導事項
単元名「場面のうつりかわりに気を つけて読もう」 教材「わすれられないおくりもの」 9時間扱い（「書く」2時間分）	目標　場面の移り変わりや登場人物の行動 についての叙述をもとに、登場人物の気持 ちの変化などについて捉える。 〔知識及び技能〕(1)カ、(2)ア、(3)オ 〔思考力・判断力・表現力等〕 B 書くこと (1)イ、ウ、（2）ア C 読むこと (1)イ、エ、オ、カ、（2）イ
小単元「ローマ字」 4時間扱い	目標　ローマ字に興味をもってローマ字の表 記法を理解し、自ら読めるようにする。 〔知識及び技能〕(1)ウ
小単元「ローマ字とコンピュー ター」1時間扱い	目標　コンピューターを活用する際に、ロー マ字入力が大切なことを知り、コンピュー ターを用いながらローマ字入力できるように する。〔知識及び技能〕（1）ウ

　３年生の９月後半の学習を例に取り上げました。指導事項の具体的内容は省略して
います。
　年間における指導事項に不足がないように、どの単元でどの指導事項を扱っていく
のかを見定めて目標を明確にしたら、その単元を何時間で実施するのか、その時数を
どのように展開させるのか、単元計画を立てることになります。
　単元名「場面のうつりかわりに気をつけて読もう」において、教材「忘れられない

単元名「場面のうつりかわりに気をつけて読もう」
教材「わすれられないおくりもの」9時間扱い（「書く」2時間分）

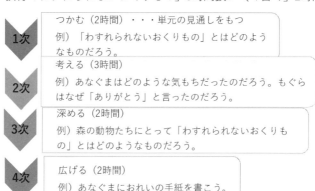

1次 つかむ（2時間）・・・単元の見通しをもつ
例）「わすれられないおくりもの」とはどのような
ものだろう。

2次 考える（3時間）
例）あなぐまはどのような気もちだったのだろう。もぐら
はなぜ「ありがとう」と言ったのだろう。

3次 深める（2時間）
例）森の動物たちにとって「わすれられないおくりも
の」とはどのようなものだろう。

4次 広げる（2時間）
例）あなぐまにおれいの手紙を書こう。

おくりもの」を中心に取り上げながら、全体で9時間の授業を行うという場合の単元計画を見てみましょう。

　単元の1時間ごとの指導計画が「学習指導案」における本時の指導計画です。

（3）学習評価

　一方的な指導であったり、活動を済ませて終わり、というわけにはいきません。教育の実施と学習評価に当たっては、

　①児童が自らの学習の意義や価値を実感できるようにする

　②学習の過程や成果を評価し、指導の改善や学習意欲の向上を図り、資質能力を育成に生かす

ことが重要とされています（「小学校学習指導要領」第1章総則　第3　教育課程の実施と学習評価）。

　児童の生活場面に直結する学習課題を取り上げることで、意欲をもたせるにとどまらず、児童のよい点や伸びを積極的に評価することで、学習に意味を見いだし、学習への主体的な態度を引き出す効果が得られます。さらに、授業は、教師と児童とで作り上げるものであることからすれば、目標と成果を照応させ、教師の指導の改善をはかっていくことと児童の学習改善をはかることは軌を一にするものなのです。

　具体的な各教科における観点別学習状況評価に関しては、学習指導要領に示される三つの柱を軸として、観点を設けます。

　〔知識・技能〕の観点からの評価では、教科における習得状況についてまずは評価し、〔思考・判断・表現〕の観点からは、知識・技能を活用して課題を解決するために必要となる思考力・判断力・表現力等を身につけているかを評価します。〔主体的

に学習に取り組む態度〕の観点は、知識及び技能を身につけたり、思考力・判断力・表現力等を身につけたりするために児童自身がどのように取り組んでいるのか、その状況を評価します。学習に取り組む態度の評価は、「学びに向かう力、人間性等の涵養」の一面であり、児童の感性や思いやりといった側面は、個人内評価として、日々の教育活動の中で伝えていくことが肝要となります。

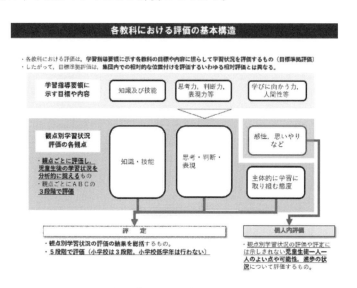

観点別の具体的な評価方法としては、次のようなものがあります。

〔知識・技能〕
- ・ペーパーテスト
- ・学習過程における活用の状況

〔思考・判断・表現〕
- ・ペーパーテスト
- ・学習過程に沿った発表
- ・学習過程に沿った成果物（成果物を集めたポートフォリオなど）

〔主体的に学習に取り組む態度〕
- ・ノート記述
- ・授業中の発言
- ・教師による行動観察
- ・自己評価

・相互評価

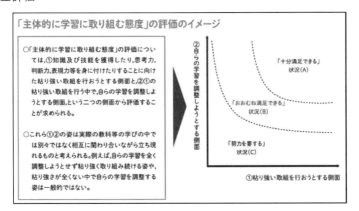

（「「指導と評価の一体化」のための学習評価に関する参考資料」より）

　学習指導案を書く際に、どの場面で、何によって、どういった点を評価するのかという視点を記述しておく必要があります。毎時の状況をとりまとめて、単元ごとの観点別学習状況の評価の結果を総括して示すのが「評定」であり、小学校の場合は三段階で評価（低学年は行わない）していきます。

（小学校指導要録の例→）
　次の図は、国立教育政策研究所（令和２年３月）「「指導と評価の一体化」のための学習評価に関する参考資料　小学校国語」からの抜粋です。
　単元計画の全体像が把握できたでしょうか。検定済教科書を発行している出版社は、
教科書を用いて指導計画を立てるための参考資料を、各社のホームページなどに掲載しています。それらを参照しながら、児童の学習状況、実態などを踏まえて、児童にもっとも適した学習計画を検討しましょう。
　第４学年の教材として、数社の教科書に「一つの花」が取り上げられています。同じ教材をもとに授業をするという場合であっても、比べてみると、扱う時期や、時数の異なることがわかります。指導事項やどこに重点を置くのかもまったく同じではありません。指導事項は、１年間で満遍なく配置して、漏れ落ちの無いように計画すればよいわけですし、学習指導要領の「第３　指導計画の作成と内容の取り扱い」にあ

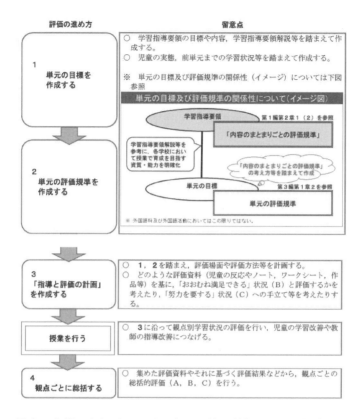

評価の進め方	留意点
1 単元の目標を作成する	○ 学習指導要領の目標や内容，学習指導要領解説等を踏まえて作成する。 ○ 児童の実態，前単元までの学習状況等を踏まえて作成する。 ※ 単元の目標及び評価規準の関係性（イメージ）については下図参照
2 単元の評価規準を作成する	
3「指導と評価の計画」を作成する	○ 1，2を踏まえ，評価場面や評価方法等を計画する。 ○ どのような評価資料（児童の反応やノート，ワークシート，作品等）を基に，「おおむね満足できる」状況（B）と評価するかを考えたり，「努力を要する」状況（C）への手立て等を考えたりする。
授業を行う	○ 3に沿って観点別学習状況の評価を行い，児童の学習改善や教師の指導改善につなげる。
4 観点ごとに総括する	○ 集めた評価資料やそれに基づく評価結果などから，観点ごとの総括的評価（A，B，C）を行う。

るように、児童の実態にあわせ、必要に応じて前の学年において初歩的な形で取り上げたり、後の学年で程度を高めて取り上げるなど、弾力的に指導してよいことになっています。

5－3．学習指導案
（1）学習指導案の役割
　学習指導案は、児童にどのような力を身に付けさせるのか、そのためにどのような指導を行うのか、その内容や手順を具体化したものです。指導者は、授業全体の流れを具体化し、どの場面でどのような学習活動や指導を行っていけば授業のねらいを達成できるのか、実際の授業をイメージしながら構想していきます。つまり、学習指導案は、児童を授業のねらいにたどり着かせるための、時間軸をともなう設計図と言えます。完成物をイメージして、仕上げるまでの手順と工期を策定し、用いる材料も用意しなくてはなりません。設計者は、現場監督となって、ともに造りあげていく人たちを導き、気持ちを束ねる役割もあります。

学習指導案には、扱う単元について（単元に対する考え方）、児童の実態、単元の目標、評価規準、本時の目標、学習活動、指導上の留意点、評価の観点など、学習指導を進める上で欠くことができない内容が含まれています。

　授業の目的の第1は、児童に確かな学力を付けることにあります。児童の学力を高める授業作りは、教師による教材研究と指導力の向上が基本となります。ですから、授業後に指導案を振り返って指導上の問題等を検討し、次の授業の改善につなげていくことは、教師の重要な仕事です。

（2）学習指導案の様式

　学習指導案は、大きく「精案」と「略案」の2種類があります。精錬授業（研究授業）などの授業を行う場合には、学習指導に関わる基本的な指導法を学んだり、より効果的な授業のあり方を検討したりするため、学習指導に備えるべき項目を省略しない形式の「精案」を作成します。「略案」は、「精案」を簡略化したもので、「精案」の後半部にあたる、「本時の指導案」の部分をさします。教育実習の総まとめとして実施する精錬授業では、もちろん「精案」を作成します。ただし、その「精案」も、学校や教科によって、様式に多少の違いがあります。教育実習では、各学校の様式に従って作成することになりますが、ここでは基本的な様式を扱うことにします。

　まず精案です。

第○学年○組　国語科学習指導案

令和○年○月○日（○）○校時
指導教諭　○○　○○　先生
教育実習生　○○　○○

1　単元名・教材名

> 教科書の単元名と、扱う教材名を記載する。小単元では「単元名」を記載しない場合もある。

2　単元について

> 「単元について」を以下の①②③のように分けないで、まとめて記述する場合もある。

　①　系統について

> 同じ系統において、これまでにどのような教材を扱いながら、どのような力を身に付けてきたのか、それを踏まえて、この学習でどのような力を身に付けさせたいのかを記述する。

　②　教材について

> この単元で身に付けさせたい力にとって、本教材の内容にどのような特性や有効性があるのかを記述する。

　③　単元で身に付けたい力と学習（言語）活動

> この単元を通して、児童にどのような力を付けていくのか、その際の中心となる学習活動を取り上げる。

3　児童の実態について（調査人数○○名）

> この単元を通して、児童がどのような力を付けるのかという観点から、調査項目や観察項目を立てて児童の実態を把握していく。具体的に何ができて何はできていないのか、何がわかっていて、何が分かっていないのか、どのような力が付いていて、どのような力は付いていないのかなどを考察し、この結果を、単元の目標や指導計画、指導の重点、学習活動、配慮事項等につなげていく。

4　単元の目標

> この単元で、児童がどのような学習活動を通してどのような力を身につけるのかを記述する。文末は、教科の特性に応じて「～する。」「～できる。」「～できるようにする。」などの表現がある。

5　単元の評価規準

知識・技能	思考・判断・表現	主体的に学習に取り組む態度
（文末は「〜している」等） 　例）身近なことを表す語句の量を増し，話の中で使うとともに，言葉には意味による語句のまとまりがあることに気付き，語彙を豊かにしている。（(1)オ）	（文末は「〜している」等） 　例）・「話すこと・聞くこと」において，相手に伝わるように，行動したことや経験したことに基づいて，話す事柄の順序を考えている。（イ） ・「話すこと・聞くこと」において，話し手が知らせたいことや自分が聞きたいことを落とさないように集中して聞き，話の内容を捉えて感想をもっている。（エ）	（文末は「〜しようとしている」）等 　例）・言葉を通じて積極的に人に関わったり，学習の見通しをもって思いや考えをもったりしながら，言葉をよりよく使おうとしている。

＊育成したい資質・能力に照らし，指導事項の一部を用いて評価規準を作成することもある。
＊国語科においては，指導事項に示された資質・能力を確実に育成するため，基本的には「内容のまとまりごとの評価規準」が単元の評価規準となる。「思考・判断・表現」では，当該単元で指導する一領域を「（領域名を入れる）において，〜」と明記する。
＊「主体的に学習に取り組む態度」の評価規準については，①知識及び技能を獲得したり，思考力，判断力，表現力等を身に付けたりすることに向けた粘り強い取組を行おうとする側面と，②①の粘り強い取組を行う中で，自らの学習を調整しようとする側面の双方を適切に評価できる評価規準を作成する。「学年別の評価の観点の趣旨」においては，主として，①に関しては「言葉を通じて積極的に人と関わったり」，②に関しては「思いや考えをもったりしながら（思いや考えをまとめたりしながら），（思いや考えを広げたりしながら）」が対応する。①，②を踏まえ，当該単元で育成する資質・能力と言語活動に応じて文言を作成する。

6　指導計画（○時間扱い）

> 指導計画の様式は、各学校及び各教科によって異なるので、その様式に従うこと。単元の目標を達成するための指導全体の骨格が分かるようにする。

過程	目　標	主な学習活動と内容	主な評価規準
1次			
2次	1時間ごとにどのような活動を通してどのような力を身に付けるのか本時の目標を記述する。	本時の目標を達成するための具体的な学習活動と内容を児童の立場から記述する。	単元の評価規準から、本時で実際に評価できる程度の評価規準を「おおむね満足できる状況」で記述する。
3次			

7　本時の目標

> 単元の目標に照らし、この時間でどのような学習活動を通して、どのような力を身に付けさせるのか、単元の目標よりも具体的に記述する。

8　本時の展開（○　／○　）

> 本時の目標を達成するための授業展開を詳述する。児童の学習活動と指導内容の双方が関連しあうように具体的に表現をする。

時配	学習活動と内容	教師の支援（指導上の留意点）	評価の観点
導入　○分	1　前時の学習を振り返る。 〔具体的な学習活動と内容について、児童の立場から（主語を児童にして）記述する。〕 2　学習のめあてをつかむ。 〔本時の目標を達成するための学習課題を児童向けの言葉で示す。〕 3　○○について調べる。		本時の目標に照らし、学習活動に即して、実際に評価できる内容を記述する。 その際「おおむね満足できる状況」の内容で記述する。

学習過程には、時間配分も記入しておくと、指導に見通しが持てる。

問題把握、自力解決、比較、整序など教科により、区切りの表現が異なる。

指導者がどのようなねらいで、どのような指導を行うのか、指導のポイントを記述する。

その際、本時の目標を達成するための具体的な手立てや、指導の工夫などについて分かりやすく記述する。また、児童のつまずきなど、個に応じた指導を想定し、具体的な手立てなどを記述する。

○
分

4 分かったことについて発表しあう。

5 学習のまとめをする。

特別に支援を要する児童への配慮事項は、個人が特定されないように注意して記述する。

終
末
○
分

学習を振り返り、分かったことなどをノートに書き、発表する。

次時の学習内容を知る。

9 板書計画

用紙1枚を使って、1時間の板書計画を作成する。指導案は横書きだが、国語の板書は縦書きのため、紙を横長に使い、縦書きで書く。

（3）学習指導案の各項目について

〔単元名・教材名〕とは

単元名は、いくつかの教材や活動で構成された一連の学習活動のまとまりを指す名称です。なお、音楽や図画工作においては、題材名で表します。教材名とは、単元に含まれる教材の題名などです。教科書の文言をそのまま生かして記入する場合が多く見られます。

教材名は、教科によって示されない場合があります（例 算数 単元名「面積」）が、国語は、単元名と教材名を併記するのが通常です。

〔単元について〕とは

この単元で、どのような力を身に付けさせるのか、そのためにどのような学習活動を行うのか、単元全体のねらいや学習活動の概要を説明します。主に、次のような内容で構成します。ただし、教科によって、指導観、教材観、児童観など、立てる項目に特色があるので注意が必要です。

① 「系統について」……これまで、児童は、どのような学習をして、どのような力を身に付けてきたのか。これを受けて、本単元では、どのような力を身に付け

させようとしているのか、という児童の学習の過程を「内容のまとまり」をもと
に記述します。

② 「教材について」……本単元で身に付けさせたい力の観点から、本教材の内容
にどのような特性や有効性があるのかを記述します。

③ 「単元で身につけたい力と学習活動」……本単元でねらいとする力を身に付け
させるために、学習指導要領の言語活動例を参考に、どのような学習活動をど
のような流れで行うのかの概略を記述します。

〔児童の実態〕とは

この単元を通して、児童にどのような力を付けていくのか、その観点から観察した
り、調査項目を立てて児童の実態を把握したりします。何ができて、何ができていな
いのか、何がわかっていて、何がわかっていないのか、どのような力が付いている半
面、どのような力が付いていないのか等を推知し、その結果を単元の目標や指導計
画、指導の重点、学習活動等に反映させていくことになります。

〔単元の目標〕とは

次の3点について単元の目標を設定します。

（1）「知識及び技能」の目標

（2）「思考力，判断力，表現力等」の目標

＊（1）、（2）については，基本的に指導事項の文末を「～できる。」として示しま
す。

（3）「学びに向かう力，人間性等」の目標

＊（3）については、いずれの単元においても当該学年の目標である「言葉がもつよ
さ……思いや考えを伝え合おうとする。」までを示します。

・単元の目標を実現するために適した言語活動を、言語活動例を参考にして位置付け
ます。

〔単元の評価規準〕とは

児童がどのような学習状況であれば、単元の目標が達成できたと判断するのか、そ
の拠り所となる規準を、先掲の観点毎に簡潔に記述します。学習指導のねらいが児童
の学習状況として、どのような状態になっているのかが想定されている必要がありま
す。このような状況を具体的に示したものが評価規準です。児童の学習状況は次の3
段階で表します。

A 十分満足できる　B おおむね満足できる　C 努力を要する

　評価規準は、単元の目標と一体であり、児童の学習活動が想定できるように、できる限り具体的に記述することが大切になります。学習指導要領の各教科・各学年の「2　内容」に記載されている指導事項を基に設定します。評価規準の文末に、基にした指導事項、（ア）、（イ）等を記入しておくと、学習指導との関連を明確にすることができます。

　学習の評価は、その後の学習指導の工夫改善に生かしていくことが求められています。指導者が、指導の内容や過程を見直して、よりよい指導が行われるよう指導の在り方について工夫改善を図っていくことが大切です。

単元の〔指導計画〕とは

　単元の目標を達成するため、どのような学習指導を展開するのか、単元全体の計画を簡潔に記述します。

　単元の学習活動全体が、数時間ごとのひとまとまりになった区切りを「次」と表現します。例えば、単元の導入に当たる部分を「第一次」、学習活動の中心的な部分を「第二次」、学習成果の発表部分を「第三次」と設定します。

　また、「次」の区切りを設定せずに、1時間ごとの学習活動と内容を記述する場合もあります。

　〔指導計画〕の中の、「主な学習活動と内容」には、おおまかな学習活動と内容について、児童の立場から記述します。また、「主な評価規準」の欄には、単元全体の評価計画が分かりやすいように、主な評価規準を、学習過程に即して次あるいは1時間ごとに具体化して記述します。児童がどのような学習状況であれば、その時間の目標を達成できたと判断するのか、その拠り所となる評価規準を観点ごとに記述します。指導者が評価できる範囲で「おおむね満足できると判断される状況」を想定して、その内容を記述します。

〔本時の目標〕とは

　精錬（研究）授業等で実施する1時間の授業を「本時」と表現しています。単元の目標に照らし、この時間でどのような力をどのような学習活動を通して身に付けさせるのかを、わかりやすく記述するようにします。

〔本時の展開〕とは

単元全体が８時間の計画で、本時がその第２時間目であれば、（2／8）です。この「本時の展開」は、１時間の学習の流れがわかる授業の核心部分になります。児童の学習活動と、指導者の指導の中身が、双方とも具体的にイメージできるように、流れに沿って記述します。この際、「本時の目標」が達成できるように、「学習活動と内容」、「教師の支援（指導上の留意点）」、「評価の観点」の三つが互いに関連し合うよう、細心の注意を払う必要があります。

　このような意図をもって作成された本時の展開案は、指導者にとっては、学習指導の羅針盤として、参観者にとっては学習指導の解説として有効に機能することになります。

　［本時の展開］表の最初の列にある「時配」欄は、１時間の授業を学習活動や内容のまとまりごとに区切るものです。「導入」「展開」「終末（整理）」の三つに分けることが多いようです。「学習課題をつかむ」「調べる」「まとめる」などの区切り方もあります。学習の過程を設定する際には、児童の立場から、授業全体を見通して実際の学習活動の流れを考慮することが大切です。学習活動の目安として、時間を配分しておくことで、45分を有効に使うことができます。なお、教育実習の際には、学校独自の過程の区切り方もあるので、それを生かすようにしましょう。

　次の列の「具体的な学習活動と内容」欄には、児童の立場から、児童がどのようなことを、どのようにして行うのかということを記述します。指導する教師の活動として書かないように注意しましょう。例えば、学習活動が「人物の気持ちを想像する」に対して、その内容は「人物の気持ちを会話や行動から想像して吹き出しに書く」などのようになります。そのうえで、実際に児童がどのようなことを書くのか、予想されるいくつかの例をあらかじめ書きだしておくことも大切です。また、この欄には、児童の学習のめあて（課題）、つまり、児童が主体的に学び、本時の目標を達成するための学習課題を、児童向けの言葉で提示します。学習課題（めあて）は、黒板にも書いて、児童が今から何を考えていくのかがはっきりとわかるようにします。

　「教師の支援（指導上の留意点）」には、指導者がどのようなねらいでどのような指導をするのか、指導のポイントを記述します。「学習活動と内容」に対応する形で、児童に対する手立てや指導の工夫点などを、一読するだけで誰にでも伝わるように記述します。

　　例）「書くことが苦手な児童には、補助のワークシートを用意し学習を促すようにする。」（書くことが苦手な子への手立て）、「人物の気持ちに気づけない児童には、人物の会話や行動に線を引かせ、どのようなことを思ったり、言ったりしたのかを想像するように助言する。」（個に応じた指導の手立て）

このように、個に応じた指導等、児童の実態を想定して具体的な手立てを記述します。

「評価の観点」欄には、「評価規準」に加えて、評価方法も併せて記述することになります。その際、単元指導計画の評価規準との整合性に留意することがポイントです。1時間の授業の中では、様々な学習内容が含まれていますので、そのすべてを評価することは困難です。そこで、実際に、全員あるいはグループを対象に児童一人一人の学習状況を把握するためには、確実に評価を行える観点をできる限り焦点化して設定することが大切になります。実際に評価できなかったり、形だけものになったりという評価規準では意味がありません。

評価規準は、児童の学習中のあるべき実現状況を観点ごとに示した評価の尺度です。単元の評価規準に照らし、本時の学習内容を併せて考慮し、「おおむね満足できる」状況で評価規準を記述します。学習の状況は、次の3段階で評価することになります。

○　A「十分満足できる状況」と判断できるもの
○　B「おおむね満足できる状況」と判断できるもの
○　C「努力を要する状況」と判断できるもの

この「おおむね満足できる状況」と判断される内容を基にして、さらに評価規準に何が加われば、Aと判断できるのか、「努力を要する状況」とはどのような学習状況なのかを想定しておく必要があります。

学習中に「努力を要する状況」にある児童に対して、どのようなつまずきが予想されるのか、学習の場面を想定しながら、子供に寄り添い具体的な手立てを用意しておくことが大切です。

繰り返しますが、学習中の評価は、児童の学習状況を評価するためだけではなく、指導者の指導法の改善に生かすためにも設定されていることを忘れてはなりません。

〔板書計画〕とは

板書計画とは、授業を終えたときに、黒板にどのように書かれているか、その全体を示すものです。本時の展開に沿って、1時間分が1枚に収まるように計画します。板書の目的は、児童が、本時のめあてはどのようなことで、どのように授業が進んできており、今は何を考える時なのかを、見てわかるようにするためのものです。1度書いた内容を消して、また先頭から書き始めるということは避けるようにします。また、ノートにとることで、家庭での学習の振り返りが行えるようになります。ノートの1行の文字数など、児童がノートに視写することを念頭において、文字の配置を考

えます。また児童の書くスピードにも配慮が必要です。

　「学習活動と内容」「教師の支援」を記述するときに、発問に対する児童の発言を予想しますが、板書計画にもその予想される発言を書いておきます。なお、引き出した発言をメモのように書くときは、授業の主たる流れの部分とは少し離すようにしておき、児童にも写す必要の無いことを伝えます。

　チョークの色の見えやすさは、白、黄、赤、青の順です。文字は通常白を用い、取り囲む線を引いて際立たせるときなどに、色のチョークを適宜用いますが、児童が混乱しないように、一定した使い方をする必要があります。色覚に異常のみられる児童などへの配慮も必要です。

　授業において、配布物（ワークシート）などを準備する時は、それもあわせて綴じておきます。

５－４．言語活動領域ごとの指導

（１）領域〔Ａ　話すこと・聞くこと〕における学習指導

　「Ａ　話すこと・聞くこと」の領域では、話すこと、聞くこと、話し合うことという大きく３通りの言語活動を行います。「話すこと」と「聞くこと」は、話す人と聞く人との相互のやりとりで成り立つものですし、「話し合う」ことはテーマに沿って「話すこと」と「聞くこと」を繰り返していくものです。基本となる指導事項がどの場合にも関わることを念頭におく必要があります。

　まず、**「話すこと」**の指導事項からとくに注意すべき点を見ていきましょう。

「話すこと」の学習過程	第１学年及び第２学年	第３学年及び第４学年	第５学年及び第６学年
話題	<u>身近なことや経験したこと</u>などから決める。	<u>目的を意識して</u>日常生活の中から決める。	<u>目的や意図に応じて、</u>日常生活の中から決める。 （目的に加え、場面や状況を考慮）
情報の収集 内容の検討	伝え合うために必要な事柄を選ぶ。 （全部ではない、必要な事柄かどうかを判断）	集めた材料を<u>比較したり分類したりして</u>、伝え合うために必要な事柄を選ぶ。	集めた材料を<u>分類したり関係づけたりして</u>、伝え合う内容を検討すること。 （説明のために材料を複数のまとまりにわけたり、異なる材料の内容を総合してどのようなことが言えるのかを明確にしたりする）

構成の検討	相手に伝わるように。	相手に伝わるように。	話の内容が明確になるように。
考えの形成	<u>行動したことや経験したこと</u>に基づいて、話す事柄の<u>順序</u>を考えること。	理由や事例などを挙げながら、<u>話の中心</u>が明確になるよう話の<u>構成</u>を考えること。	<u>事実と感想、意見とを区別</u>するなど話の<u>構成</u>を考えること。
表現共有	伝えたい事柄や相手に応じて、<u>声の大きさや速さ</u>などを工夫すること。	話の中心や話す場面を意識して、言葉の抑揚や強弱、間の取り方などを工夫すること。	<u>資料を活用</u>するなどして、自分の考えが伝わるように表現を工夫すること。

「話すこと」の学習過程としては、

    ①「話題」の設定

        ↓

    ②「情報の収集・内容の検討」

        ↓

    ③「構成の検討・考えの形成」

        ↓

    ④「表現・共有」

のようにたどっていきますが、低学年、中学年、高学年と学年があがるにつれて、それぞれの指導のポイントが異なります。たとえば、①「「話題」の設定」においては、低学年では「身近なことや経験したこと」から話題を選ぶということになり、中学年では「目的を意識」して選ぶことになります。高学年では、「目的や意図に応じて」とあって、これは、目的だけでなく場面や状況を考慮するということです。教科書（教育出版）の例をあげると、低学年の「夏休みの思い出を順序を考えて話す」（第2学年　教育出版）という活動では、児童自身の経験から話題を決めることになります。中学年では、「調べてわかったことを発表しよう」（第4学年）ですから、何について発表したいのかという目的を決め、そのことをあらかじめ調べます。高学年の「「町じまん」をすいせんしよう」（第5学年）では、推薦するという意図があるわけですから、聞く人が納得するような「町じまん」を選ぶ必要があります。

    「聞くこと」についての学習過程を、学習指導要領から確認しましょう。

        ①「話題」の設定　②「情報の収集」

           ↓

        ③「構造と内容の<u>把握</u>、<u>精査・解釈</u>、考えの形成」

           ↓

④「共有」

「話すこと」の③において「構成の検討」であったのが、理解に関わる活動である「把握」「精査・解釈」になっていることがわかります。

　「話し合うこと」については、

　　①「話題」の設定　　②「情報の収集」　③内容の検討
　　　　　↓
　　④話し合いの進め方の検討
　　　　　↓
　　⑤「考えの形成」
　　　　　↓
　　⑥「共有」

のように、④「話し合いの進め方の検討」が大切です。

話し合う	第1学年及び第2学年	第3学年及び第4学年	第5学年及び第6学年
話し合いの進め方の検討	互いの話に関心をもち、相手の発言を受けて話をつなぐこと。	目的や進め方を確認し、司会などの役割を果たしながら話し合い、互いの意見の共通点や相違点に着目して、考えをまとめること。	互いの意図や立場を明確にしながら計画的に話し合い、考えを広げたりまとめたりすること。

言語活動の例としては、学年進行にそって、中学年では、司会などの役割を決める話し合い、高学年では、立場を設定するディベート、さまざまな立場からの意見をもとに比較検討しながら進めるパネルディスカッションなどへ展開します。

　そして、「話すこと・聞くこと」という具体的な学習の過程において、どのような〔知識及び技能〕を運用させるのか、常に念頭に置く必要があります。たとえば、「(1) 言葉の特徴や使い方に関する事項」「(2) 情報の扱い方に関する事項」などが密接に関連するでしょう。

（1）言葉の特徴や使い方に関する事項

	第1学年及び第2学年	第3学年及び第4学年	第5学年及び第6学年
話し言葉と書き言葉	・アクセントによる語の意味の違いに気づく	・相手を見て話したり聞いたりする ・言葉の抑揚や強弱、	

	間の取り方に注意して話す	
	・姿勢や口形、発声や発音に注意して話す	
言葉遣い	・丁寧な言葉と普通の言葉との違いに気を付けて使う	・丁寧な言葉を使う	・敬語を理解し使い慣れること

（2）情報の扱い方に関する事項

	第1学年及び第2学年	第3学年及び第4学年	第5学年及び第6学年
情報と情報との関係	ア　共通、相違、事柄の順序	ア　考えと理由や事例、全体と中心	ア　原因と結果
情報の整理		イ　比較や分類の仕方、必要な語句の書き留め方、引用の仕方・出典の示し方、辞書や事典の使い方	イ　情報と情報との関係付けの仕方、図などによる語句と語句との関係の表し方

　では、具体的にどのような学習を進めるのがよいのでしょうか。児童の日常生活にある身近な材料を用いて、活動を促します。活動においては、言葉に対する新たな気付きを与え、自らの力を伸ばそうとする意欲を引き出すことが欠かせません。
　言語活動例としては、①発表することを中心に据えた活動、②他者に質問したことをもとに発表する活動、③話し合う活動があります。

言語活動例	第1学年及び第2学年	第3学年及び第4学年	第5学年及び第6学年
①発表→聞く	伝えたいことの紹介、説明、報告→聞いて感想を述べる	調べたことの説明、報告→聞く	意見・提案する（自分の考え）→　聞く
②他者に聞く→発表		質問するなどして情報を集め、それを発表	インタビューなどで集めた情報を発表
③話し合う	小人数で話し合う	グループや学級全体で話し合う	それぞれの立場から考えを伝え話し合う

【話すこと・聞くこと】における気付き
　話すことにおける気付きはどのようにして得られるでしょうか。それには立場を逆転してみることです。〈話す－聞く〉の関係はひとりでは成り立ちません。話すときには聞く人の立場から考えるように仕向けること、聞くときには話す人の立場から考えるように仕向けることです。

小学3年の「たからものをしょうかいしよう」という単元では、児童が関心をもつ人物、たとえば担任自身や校長先生、あるいは隣のクラスの先生の宝物を示してみるのもよいでしょう。校長先生の宝物として、ペーパーナイフを示してみたとしましょう。児童はペーパーナイフを知らない可能性が高いです。そうすると、それが何をするものなのか、いつから使っているのか、どうしてそれが宝物なのか、児童が知りたいと思うことがたくさん生じてくるでしょう。聞く人の立場になってみたら、自分の紹介しようとする「宝物」の、何について話せばよいのか、どのような順番で話すのが効果的なのか、考えることができます。

　聞く時も同じです。話す人は、話の中心を決めて、目的をもって話しています。話の中心や論理的なつながりを考えながら聞くようにします。話す立場からすると、大切なキーワードは繰り返しますし、事柄と事柄とをつなぐときに、順序立てるためのことばを使います。自分が話す時に、どういったことばを使いながら、構成を考えて話そうとしているかを思い出すことが大切です。自分が話す時のことを想像しながら聞き進めます。その上で、聞き落としてしまったところ、くわしく知りたいところ、あるいは話されていなかったところなどを中心に質問することができるわけです。

　また、タブレットの録画機能を用いて自身の発表の様子を撮影し、見直すことで、発表の態度を振り返ることができます。

（2）領域〔B　書くこと〕における学習指導

　「書くこと」における指導事項については、「話すこと・聞くこと」との共通点、相違点という観点から確認しておくのがよいでしょう。まず、共通点としては、

　　　①「題材の設定」
　　　　　↓
　　　②「情報の収集」
　　　　　↓
　　　③「内容の検討」

という、表現に至るまでの過程をあげることができます。「話すこと」も「書くこと」も表現する能力の伸長ですから、当然と言えます。異なってくるのは、それ以降の活動に関わる部分です。

　「話すこと」では「構成の検討」と「考えの形成」がまとめられていましたが、「書くこと」では、

④「構成の検討」

    ↓

⑤「考えの形成」「記述」

    ↓

⑥「推敲」

    ↓

⑦「共有」

のように、④「構成の検討」が独立した項目となり、⑤「考えの形成」に「記述」が加わって、ひとつのまとまった項目を作っています。

「書くこと」の学習過程	第1学年及び第2学年	第3学年及び第4学年	第5学年及び第6学年
題材	<u>経験したこと想像したこと</u>などから見付ける。	<u>相手</u>や<u>目的</u>を意識して、経験したこと想像したことなどから選ぶ。	<u>目的や意図に応じて</u>、感じたこと考えたことなどから選ぶ。
情報の収集内容の検討	必要な事柄を集めたり確かめたりする。	集めた材料を<u>比較したり分類したり</u>して、伝えたいことを明確にする。	集めた材料を<u>分類したり関係付けたり</u>して、伝えたいことを明確にする。
構成の検討	自分の思いや考えが明確になるように、<u>事柄の順序</u>に沿って簡単な構成を考える。	内容の中心を明確にし、<u>段落</u>をつくったり、<u>段落相互の関係</u>に注意したりして構成を考える。	話の内容が明確筋道の通った内容になるように、<u>文章全体の構成や展開</u>を考える。
考えの形成 記述	<u>語と語</u>や<u>文と文との続き方</u>に注意して内容のまとまりがわかるように。	理由や事例との関係を明確にして。	<u>目的や意図に応じて</u>簡単に書いたり詳しく書いたり、<u>事実と感想、意見とを区別して</u>書いたりする。 <u>引用</u>したり、<u>図表</u>や<u>グラフ</u>などを用いたりする。
推敲	文章を<u>読み返す</u>習慣を付ける。間違いを正したり、語と語、文と文との続き方を確かめたりする。	間違いを正したり、<u>相手</u>や<u>目的</u>を<u>意識</u>した表現になっているか確かめたりする。	<u>文章全体の構成や書き表し方</u>などに着目。
共有	文章に対する<u>感想</u>を伝え合い、自分の文章のよいところを見付け	<u>書こうとしたことが明確になっているか</u>など、文章に対する<u>感想</u>	<u>文章全体の構成や展開が明確になっているか</u>など、文章に対する<u>感</u>

る。	を伝え合い、自分の文章のよいところを見付ける。	想や意見を伝え合い、自分の文章のよいところを見付ける。

④「構成の検討」において、低学年が順序を考えること、中学年、高学年が構成を考えるという点では、「話すこと」と変わりませんが、中学年から、文章を構成する段落相互の関係に注意する必要があります。⑤「考えの形成」「記述」においては、段階ごとに、書き表し方の工夫が求められています。低学年では「語と語や文と文との続き方」、中学年では「考えと理由や事例との関係」、高学年では「目的や意図に応じた書き分け」「事実と感想、意見とを区別して書くこと」と、「引用」「図表やグラフ」を用いるといった工夫を行っていきます。さらに、文章の場合は、読み直して修正する⑥「推敲」という活動が重要であり、低学年ではその習慣化、中学年では間違いを直し、題材に沿ったものであるかどうかという点に注目し、高学年では、構成と表現の細部に注目していきます。「話すこと」の「表現」は、ノンバーバルの部分でしたので、そこが「書くこと」の「記述」に置き換わっているわけです。⑦「共有」では、文字表現は、時間や空間を越えて共有することができるわけですから、相互に書かれたものを読んで評価しあい、自身の成長を確認し、書く意欲を高めることにつなげていきます。

あわせて〔知識及び技能〕の関連する指導事項を押さえます。文字を用いて書くという点で、「書き言葉」「漢字」などが基礎となることは当然ですが、（1）「言葉の特徴や使い方に関する事項」では、とくに語彙や言葉遣いに関わる部分をとりあげています。

	第1学年及び 第2学年	第3学年及び 第4学年	第5学年及び 第6学年
語彙		様子や行動、気持ちや性格を表す語句の量を増し、文章の中で使う	思考に関わる語句の量を増し、文章の中で使う
言葉遣い		敬体と常体との違いに気を付けて書く	

「（2）情報の扱い方に関する事項」についても、やはり「話すこと・聞くこと」の活動に同じ事項が対象となります。児童の実態を踏まえて、繰り返しの指導や注意喚起が必要になるでしょう。

言語活動例としては、①報告、記録、意見に関する文章、②日記や手紙など日常生活で用いる実用的文章、③短歌、俳句といった我が国の文学形式も含めた創作的な文

章、④随筆文のように、大きく4種類の文章を対象としています。

言語活動例	第1学年及び第2学年	第3学年及び第4学年	第5学年及び第6学年
①報告、記録、意見	見聞きしたこと，観察したこと	事実（調べたこと）やそれを基に考えたこと	事象の説明意見
②実用	日記 手紙	手紙（行事の案内、お礼）質問するなどして情報を集め、それを発表	
③創作	簡単な物語	詩 物語	短歌，俳句
④随筆			事実や経験を基に、感じたり考えたりしたことや自分にとっての意味

【書くこと】における気付き

　書くというときに、まず児童には、書くための視点をもてるように促したいものです。つまり、何を書いたらよいかわからないという児童に、書く対象を選んだり、ものごとの相違を見つけたりするなど、発見する力を身に付けさせるということです。

　たとえば、「かんさつ名人になろう」という単元では、同じものだけれども、少しずつ様子が異なっている写真を提示しながら、違いをみつける面白さを感じさせることができるでしょう。あるいは、創作に関する教材では、同じ体験をしても、ほかの児童と自分の感じ方には違いがあり、自分の感覚を大切にすることで、自分らしい表現をすることができることを実感させられます。

　"発見"する力の次に、それをことばで表すための形式や語句など、さまざまな"表現方法"を知り、それに当てはめることで、表現を生み出せる楽しさを味わうことができるでしょう。

　なお、「話すこと」と「聞くこと」が対応するように、「書くこと」と「読むこと」も対応関係にあるため、自分の書いたものに対して、客観的に読めるようになることが大切だといえるでしょう。

　書いた文章を児童が互いに評価し合う活動にも、ICT機器を活用することができます。互いにコメント欄に気付きを書くことで、自身の好い点や不足する点の気付きにもつながるでしょう。また、書いたものをポートフォリオとして蓄積し、

成長の過程を振り返ることも可能になります。

（3）領域〔C　読むこと〕における学習指導

　読むとは、読み解いて理解することです。対象となるのは、説明的な文章と文学的な文章という性質の異なる文章ですが、どちらの場合も、学習過程は次のように展開します。

　　　①「構造と内容の把握」
　　　　　↓
　　　②「精査・解釈」
　　　　　↓
　　　③「考えの形成」
　　　　　↓
　　　④「共有」

　これは、前に示した「A　話すこと・聞くこと」における「聞くこと」の③以降と対応していることがわかります。

関連
→4－4．説明的な文章の読解

　まず、説明的な文章について取り上げます。

	第１学年及び第２学年	第３学年及び第４学年	第５学年及び第６学年
構造と内容の把握	時間的な順序、事柄の順序など、内容の大体をつかむ	段落相互の関係に着目し、考えとその理由・事例との関係を捉える	事実と意見・感想との関係を押さえ、文章全体の構成を捉える。要旨の把握。
精査・解釈	重要な語、文を選び出す	・目的に応じて中心となる語や文を見付ける ・要約する	・文章と図表を結び付けて必要な情報を得る ・論の進め方について考える

　「構造と内容の把握」に関して、低学年の「時間的な順序や事柄の順序」の把握から、中学年では「段落相互の関係」「考えとそれを支える理由や事例との関係」、高学年では「事実と感想、意見との関係を押さえ」「全体の構成を捉えて要旨を把握する」という段階をたどります。これは、書くことにおける構成の学習と対応します。

　「精査・解釈」は読解に当たって注意すべき点であり、低学年では、文章中の「重要な語や文を選ぶ」こと、中学年では「目的を意識して、中心となる語や文を見つけて要約する」こと、高学年では「必要な情報」を見つける方策として「文章と図表」との関係の把握があり、また「論の進め方について考えたりすること」が挙げられて

います。やはり〔知識及び技能〕の（2）情報の扱い方に関する事項と密接です。

　言語活動例には、文章の内容及びその文章をどのように読み進めるかについて、また、図書館などを利用した学習例が挙げられています。

言語活動例	第1学年及び第2学年	第3学年及び第4学年	第5学年及び第6学年
文章の内容 活動	事物の仕組みを説明した文章 →分かったこと考えたことを述べる活動	記録や報告などの文章 →分かったことや考えたことを説明したり、意見を述べたりする活動	説明や解説などの文章 →比較するなどして読み、分かったことや考えたことを話し合ったり文章にまとめたりする活動
図書館などの利用 活動	図鑑、科学的なことについて書いた本 →読んで分かったことなどを説明	事典や図鑑 →情報を得て、分かったことなどをまとめて説明	複数の本や新聞 →調べたり考えたりしたことを報告

【読むこと】における気付き～説明的な文章

　説明的な文章では文章全体の構成を読み取ることが重要です。その場合に、低学年では、内容の把握のために、対象となる物を写真によって示すことで分かりやすくなります。「じどうしゃくらべ」では、扱われる自動車の写真を選んだり、並べ替えたりすることで、全体を把握できます。中学年でも、段落を並べ替えることで、構成を考えるきっかけ作りができます。

　また、文章の中の考えと理由や事例といった区別を、色分けした枠で囲みながら、構造的に把握することで、論理的な関係を把握しやすくなるでしょう。板書の工夫が欠かせませんが、電子黒板を使用すると、文や段落などの移動を容易に行うことができます。

　次に、文学的な文章について確認しましょう。

	第1学年及び第2学年	第3学年及び第4学年	第5学年及び第6学年
構造と内容の把握	場面の様子、登場人物の行動など、内容の大体を捉える	登場人物の行動や気持ちなどについて、叙述を基に捉える	登場人物の相互関係、心情などについて描写を基に捉える

精査・解釈	場面の様子に着目し、登場人物の行動を具体的に想像する	登場人物の<u>気持ちの変化や性格、情景</u>について、<u>場面の移り変わりと結び付けて</u>具体的に想像する	人物像や物語の全体像を具体的に想像したり、<u>表現の効果</u>を考えたりする

説明的な文章と文学的な文章では、読解の際に使う用語が異なります。文学的文章では、場面や登場人物という用語が基本です。そして、「構造の把握」「精査・解釈」の関係がとても密接

┌─関連─────
→4－9．文学的な文
章の読解

になります。低学年で、「内容の大体を捉える」ためには、「場面の様子」「登場人物の行動」を文章から正確に読み取って、具体化できることが求められています。中学年では、そこから「登場人物の気持ちの変化」に注目します。どのように変化したのか、何をきっかけに変化したのか、場面から読み取っていきます。高学年では、そうした変化を読み取ることは変わりませんが、登場人物の関係や心情のあり方がやや複雑になります。加えて、描写から、表現の効果を考える必要があります。

　文学的な文章を読むときには、叙述や描写に即して考えることが重要です。思い込みから恣意的に捉えてしまうと正しい読解はできません。思い込みを排除するためにも、文章を丁寧に読むことが不可欠です。また、読後の感想から、作品のもつ道徳的な価値に重きを置いてしまうことがあります。作者の思い（メッセージ）も大切にしながら、全体の構成も含めて、作者の表現上の工夫に着目しましょう。読者の視点と作者の視点から読み解くことを忘れてはなりません。

　「考えの形成」「共有」に照らして、「言語活動例」をみてください。その内容として、中学年から「詩」、高学年では「伝記」も対象となっています。

言語活動例	第1学年及び第2学年	第3学年及び第4学年	第5学年及び第6学年
内容 活動	読み聞かせ（聞く）物語 →内容や感想などを伝え合ったり、演じ合ったりする	詩、物語など →内容を説明したり、考えたことなどを伝え合ったりする	詩、物語、伝記など →内容を説明したり、自分の生き方などについて考えたことを伝え合ったりする

　読むことにおいては、文章の読解に終わるのではなく、読んだ経験をもとに、自分の考えを口頭や文章に書いて伝えるという活動を取り入れていきます。

【読むこと】における気付き〜文学的な文章

場面の展開、登場人物の行動や心情を読み取るための学習として、動作化、劇化、あるいはペープサート（紙人形）による物語の体感、吹き出し図の作成などがあげられます。児童の関心を高める点において有効ですが、自身の感覚が先行してしまうと、文章の恣意的な読みになりかねません。その点を配慮しながら、あくまで基本的な展開を把握するためや心情読解が難しいときの補助的な指導技法に留めておくのがよいでしょう。物語文であっても、その文章を書いた作者の意図を、表現方法から読解することは可能です。「なぜ作者は～のように書いたのか」を考えさせることで、その表現の面白さに児童自身で気付くことができます。

　電子黒板の場合には、写した文章を用いて、注目すべき表現にラインを引いたり、部分的に隠したりすることで、気付きを与えられます。また、電子黒板とタブレットを連動させることで、たとえば吹き出し図に書かれた児童の考えを全体にむけて紹介することができます。

（4）〔知識及び技能〕に関する学習指導

　前節では、〔思考力・判断力・表現力〕のＡ話すこと・聞くこと、Ｂ書くこと、Ｃ読むこと、という言語活動に沿って学習指導要領における系統と具体的な指導事項について確認してきました。単元における指導事項は、それぞれの活動に即したものと、その活動の基盤となる〔知識及び技能〕の両面から行う必要があるということを忘れないでください。

　さらに、〔知識及び技能〕については、その定着をはかるために、特定の指導事項を取りあげて指導することがあります。一般に小単元と呼ばれたりします。

　〔知識及び技能〕（１）「言葉の特徴や使い方に関する事項」として、「言葉の働き」「話し言葉と書き言葉」「漢字」「語彙」「文や文章」「言葉遣い」「表現の技法」「音読・朗読」があります。この中の指導事項の６項目について単独で扱う例を、教科書（教育出版・令和２年）の教材との関係でみれば、以下のようになるでしょう。

	1年生	2年生	3年生	4年生	5年生	6年生
言葉の働き	ことばでつたえよう	うれしくなる言葉	気持ちを伝える話し方・聞き方	言葉が表す感じ、言葉から受ける感じ	言葉で伝える，心を伝える	会話を広げる
話し言葉と書き言葉	かたかな	かたかなで書く言葉	ローマ字ローマ字とコンピューター	点（、）を打つところ	話し言葉と書き言葉かなづかいで気をつけること	

語彙		「言葉のなかまさがしゲーム」をしよう はんたいのいみの言葉、にたいみの言葉 音や様子をあらわす言葉				
文や文章	文をつくろう	主語とじゅつ語	こそあど言葉 文の組み立て	修飾語 二つのことがらをつなぐ		主語と述語の対応をみる
言葉遣い					敬語	敬意を表す言い方

　「漢字」に関わる内容としては、次の表の通りです。ただし、送り仮名のことは、「話し言葉と書き言葉」の文章表現につながる内容であり、漢字の字形は、（3）「我が国の言語文化に関する事項」における文字の歴史的な由来との関係を視野に収める必要があります。また、熟語の学びは、語彙を広げていくことにもなります。

	1年生	2年生	3年生	4年生	5年生	6年生
漢字	日づけとよう日	画と書きじゅん	漢字学習ノート	漢字の部首	漢字学習ノート	三字以上の熟語の構成
	かん字のよみかた	なかまの言葉と漢字	漢字の音と訓	漢字の音を表す部分 ＝（3）ウ	複合語	複数の意味をもつ漢字
	かわるよみかた	二つの漢字でできている言葉	送りがな ＝ウ	送りがなのつけ方 ＝ウ	熟語の構成	熟語の使い分け
	にているかん字	漢字のつかい方と読み方	へんとつくり ＝（3）ウ	いろいろな意味を表す漢字	漢字の成り立ち ＝（3）ウ	音を表す部分
		同じ読み方の漢字	漢字の組み立て ＝（3）ウ	熟語のでき方	同じ音の漢字	同じ訓をもつ漢字
		組み合わせてできている漢字	二つの漢字の組み合わせ	同じ読み方の漢字の使い分け	送りがなのきまり ＝ウ	さまざまな読み方

　（2）「情報の扱い方に関する事項」では、情報の収集と整理に関することとして、図書館を活用しながらさまざまな図書の分類を学んだり、新聞記事を読んだりする活動と、辞書や事典の使い方を身に付ける学習が設けられています。図書館の利用は、（3）「我が国の言語文化に関する事項」の「読書」とも密接です。幅広く読書に親しみ、考えを広げるのに有効であることを実感していきます。

	1年生	2年生	3年生	4年生	5年生	6年生
情報収集→ （3）読書	としょかんへいこう ●図書館利用の初歩	図書館で本をさがそう ●図書館利用の基礎	本で調べよう ●目次や索引の利用	分類をもとに本を見つけよう●十進分類法	新聞を読もう ●新聞記事の構成	
情報整理			国語辞典の引き方	漢字辞典の引き方		

（3）「我が国の言語文化に関する事項」として、「伝統的な言語文化」に該当する内容があります。古典に触れるきっかけとして、低学年で昔話、神話、わらべうたなどに親しみ、中学年で俳句から短歌、高学年で漢文、随筆を読み進めます。また日常生活に残る古い文化を踏まえたことばに気付くだけでなく、言語感覚や感性を養ったり、語句の由来や特質への視野を広げたりします。

	1年生	2年生	3年生	4年生	5年生	6年生
古典に触れる	おはなしのくに ●読書への誘い 天にのぼったおけやさん ●「昔話」の読み聞かせ	いなばのしろうさぎ ●「神話」の読み聞かせ 「言葉あそび」をしよう ●「いろはうた」「わらべうた」	俳句に親しむ ●気に入った俳句を書き写す	短歌の世界 ●好きな短歌を選んでカードに書く 「百人一首」を読もう ●百人一首を声に出して読み味わう	漢文に親しむ ●好きな漢詩や漢文を選び思ったことを書く 「古典」を楽しむ ●昔話を読んで感想を書く 附子 ●狂言を読む	春はあけぼの ●「私の『枕草子』」を書く 伝えられてきた作品 ●昔に書かれた文章を読む
言葉の感覚を養う	しりとりであそぼう ●しりとり遊び	むかしのあそび ●伝統的遊びを知る	きせつの言葉を集めよう ●季語を集める ことわざ・慣用句 ●ことわざ・慣用句を集める 十二支と月のよび名 ●暮らしの中に残る昔からの言葉を探す	「月」のつく言葉 ●「月」のつく言葉を辞典で調べる 雪 ●「雪」に関わる言葉を調べる 故事成語 ●「故事成語カード」を作る	「鳥」 ●「鳥」が出てくる言葉集め	雨 ●季節にあった言葉を集めて「言葉のノート」に書く 「知恵の言葉」を集めよう ●言い回し, 格言づくり

				→「漢字」の項参照	方言と共通語和語・漢語・外来語	日本語の文字言葉は時代とともに●変化した言葉を調べ感想を書く
言葉の由来や変化						

「読書」については、先に掲げた情報収集とともに、次のような、読書をもとに表現する活動を通して、読書に親しむ態度を養います。

	1年生	2年生	3年生	4年生	5年生	6年生
交流読書	「おはなしどうぶつえん」をつくって，本をしょうかいしよう●テーマに基づく読書の交流	「お話びじゅつかん」を作ろう●読書内容を絵と言葉で表す	「おすすめ図書カード」を作ろう●読書記録と推薦	「読書発表会」をしよう●「ブックトーク」	「図書すいせん会」をしよう●ポスター，帯紙やポップなどによる推薦	書評を書いて話し合おう●書評の交流

「書写」の指導として、低学年では、よい姿勢を保ち、筆記具を正しく持って書くことができるようにするほかに、筆順を意識し、正しい文字を書くことを促していきます。中学年では、特に漢字の組み立て方を考えること、漢字と仮名との文字の大きさのバランスを意識して書くことが求められます。また毛筆を使用した書写も加わり、毛筆の特性を生かして、点画や筆圧を意識させていきます。高学年では、用紙全体のバランスから文字の大きさや配列を考えていきます。毛筆で穂先の動きと点画のつながりを意識するのは、中学校に入って学習する行書へつなげていくためです。また使用する用紙や用途に応じて、硬筆、毛筆、フェルトペン、小筆、筆ペン、ボールペンなどを使い分けることは、手書きで文字を書くことの楽しみを得ることになり、日常生活の質の向上につながります。

	1学年及び第2学年	第3学年及び第4学年	第5学年及び第6学年
書写	（ア）　姿勢や筆記具の持ち方（イ）　筆順に従って丁寧に（ウ）　文字を正しく書くこと。	（ア）　文字の組み立て（イ）　漢字や仮名の大きさや配列に注意（ウ）　毛筆を使用点画の書き方筆圧	（ア）文字の大きさや配列書く速さ（イ）　毛筆穂先の動きと点画のつながり（ウ）　目的に応じて筆記具を選ぶ

5-5. 情報通信技術を活用した授業作り

　「令和の日本型学校教育」を構築し、全ての子供たちの可能性を引き出す、個別最適な学びと、協働的な学びを実現するためには、学校教育の基盤的なツールとして、ICT は必要不可欠なもの（「「令和の日本型学校教育」の構築を目指して〜全ての子供たちの可能性を引き出す、個別最適な学びと、協働的な学びの実現〜」（答申）R3.1.26中央教育審議会）とされています。GIGA スクール構想による児童生徒1人1台端末の環境と高速大容量の通信ネットワーク環境の実現にともない、端末をひとつのツールとして使える環境が整ってきています。こうした中で、単にそれを使うことが目的ではないということに十分留意する必要があります。その上で、何のために活用するのか目標を定めながら、新たな教具（文房具）として位置づけられるように、まずはさまざまなソフトの特性を知ることから始めていきましょう。

　多くの自治体が採用する Google 社の「Workspace for Education」を例にとりながら、活用の方法を挙げておきます。

・Forms

　　テストの形式で問いに答えさせ、その点数化や正答、誤答に対するフィードバックが可能ですが、それ以外にも、回答を回収し、スプレッドシート上に集計表を作成したり、回答の傾向をグラフとして視覚化したりできるという点を有効に活用することができます。たとえば、文学的文章の読解として物語文を読んだ後、設定した質問に答える形で児童の初発の感想を提出させることができます。そこで出された感想を共有しながら、授業の目標の提示につなげることが可能です。

・ドキュメント

　　単に文章を作成するだけでなく、作成した文章の共有が可能です。コメント機能を使って、よい表現を評価したり、わかりにくい箇所を指摘したりすることができます。それらをもとに文章の推敲を促すのがよいでしょう。

・スライド

　　マイクロソフト社のパワーポイントも同様ですが、口頭発表用の資料を作成するのに役立ちます。児童自身が端末を使って撮影した写真をそこに提示するという工夫も生まれてきます。

・ジャムボード

　　端末上でのホワイトボードの役割を持っています。ですから、付箋と描画の機能を使って、イメージマップを作るのに役立てられます。個人による使用だけで無く、画面をグループで共有しながら活動を行う場合には、協働しながら目標に到達するという楽しさも生まれます。個別の学習場面においても、難易度を調整し

（本田春菜さん作成）

（鈴木雄翔さん作成）

ながら、ジャムボードで課題に取り組ませることができます。教職課程の大学2
年生が作成した「熟語の構成」（第5学年）の学習教材の例を挙げておきます。

　これらのソフト以外にも、活用できるソフトは多々ありますので、まずは積極的に
触れてみるようにしてください。また端末のドライブ機能（クラウドなど）をポート
フォリオとして使用し、成果物を蓄積していくことも、児童自身が成長を実感する上
で大切なことです。

５－６．模擬授業において留意したいこと

　授業の初心者は、学習指導案に書いた計画通りに進めることで精一杯になりがちで
す。そこで、児童に分かる授業を展開するために、模擬授業の際には、以下の観点を
もって相互に評価を行い、授業改善ができるように練習を重ねましょう。

　　１．本時の目標は明確か

　　２．授業の導入は工夫されているか

　　３．目標に向かえる技法を選択しているか

　　４．学習形態は適切か

　　５．意図をもった発問ができたか

　　６．指導事項（学習のポイント）を適切に示すことができたか

　　７．基本的な指導態度を身に付けているか

（１）本時の目標

　教科書に掲げられる教材の内容理解や活動だけに注力していませんか。教材を教え
るのではなく、教材を通して児童に何を身に付けさせたいのか、「学習指導要領」と
照らし合わせながら指導内容の理解に努め、本時の目標を明確にしましょう。

（2）授業の導入は工夫されているか

　導入の意義はなんでしょうか。本時の授業で児童が身につける内容について、児童が学ぶ意義を実感し、学ぶ意欲を高めるきっかけを作ることです。児童に気付きを実感させるためにどのような素材を準備すればよいか、展開とのつながりを意識しながら考えていきます。１時間の見通しをもって、工夫を行ってください。

導入：気付く　⇒　展開①　深める　⇒　展開②　習得する　⇒　終末：振り返る

（3）目標に向かうための技法

　目標に向けた学習として、どのような指導技法を取り入れるのが、またそれらを組み合わせるのがよいか検討してください。

　主な指導技法の例

技法	場面・目的
範読	・読書指導 ・詩・俳句・短歌等のリズムを感じる ・字句の確認 ・表現内容をイメージする ・朗読の見本
指名読み	・音読の基礎的技能の確認 ・内容理解の程度の確認 ・朗読の練習
一斉読み	・読みに対する抵抗感をなくす ・課題、まとめなどを一斉に読んで、児童全員が確認できるようにする
読み聞かせ	・読書に対する意欲を喚起する
比較読み	・比較する対象（内容）の相違から気付きを得たり、学びを深めたりする
図表化	・図や表に示すことで構造を理解する
心情曲線法	・文学的文章における登場人物の心情の変化を考える
吹き出し 動作化 ペープサート	・文学的文章における登場人物の心情を理解する
書き込み	・主体的な読みを促す
サイドライン	・文章の正しい読解を導く
小見出し作成	・段落（場面）ごとの話題を理解する ・文章の構造的な理解を促す

挿絵の利用	・意欲を喚起する
空白カードの利用	・隠した語句や部分の役割を理解する ・小見出し作成に使用
カードの入れ替え	・語句や文などを抜き出したカードを入れ替えることで、文や文章の構造的な理解を促す
ノート（視写・聴写）	・書き写す能力をつける ・書くことへの意欲を高める ・要点を聞き取る力をつける

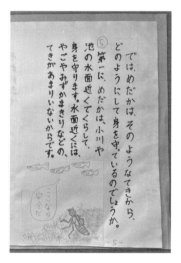

　写真の「メダカのひみつブック」は、第2学年で学習する説明的な文章を読む授業で用いるために準備されたもの（2021年度教育実習生藤川智美さん作成）です。「目次」を書くために、児童は文章の構造を理解しなければなりません。また、自ら挿絵を描いたり吹き出しの言葉を考えたりすることは楽しみであると同時に、段落ごとの内容理解を促します。

（4）学習形態

　学習形態として、一斉指導の場面に、グループ学習や個別学習の場面を組みいれながら、目標に近づけるように1時間を組み立てます。一斉指導における発問では、さまざまな反応が予想されます。児童の答えを構造的に整理し、次の発問へのつながりを生むようにすることが大切です。また、ICT機器の普及にともなって、機器ならではの特性を生かした授業作りも可能になります。これまで黒板を用いて示していた

内容を、電子黒板を用いることで、一斉学習であっても、よりわかりやすく提示ができたり、個々の児童の考えを容易に共有化できたりします。学習の質を高める教具の一つとして、活用方法を工夫しましょう。

（5）意図をもった発問

　学習の柱となる主発問と補助的発問とを区別しましょう。そもそも発問は、問いかけることで、児童の学習意欲を引き起こし、思考を深めるものでなければなりません。児童の思考を導くためには、因果関係を考えさせるもの、違いをみつけたり、分類をしたりする中で発見を導くもの、分析したり、関連性を見付けたりさせるものなどがあり、１時間の授業の軸になります。

　よい発問のために言葉をえらんでください。単に記憶していることを再生させるもの、答えを誘導するもの、同じ内容を繰り返しているだけのもの、思考の余裕をあたえないものは、学習意欲を減退させます。

（6）学習内容・ポイントの提示

　児童に視覚的に学習内容やポイントを提示する方法は、板書、ワークシートなどがあります。その準備を進める中で、どのような目的をもって板書を行うのか、ワークシートを配布するのか、１時間の授業の過程と併行して押さえておきましょう。

（7）基本的な指導態度

　目の前の児童と対話する姿勢で臨みましょう。どの児童も、自分にむけて話されていると感じられるような目配り、児童が正確に聞いて理解していくために、声量や速度、発音に注意して聞き取りやすい話し方を心がけるのは基本的なことです。さらに、児童の発達段階に応じた態度も重要です。学年に応じて、共感的であたたかみを感じられる雰囲気を作ることが、安心しながら学びに向かう力を育てます。

附録1　幼稚園における「言葉」の指導

「幼稚園教育要領」（H29.6）を確認しておきましょう。

言葉
〔経験したことや考えたことなどを自分なりの言葉で表現し，相手の話す言葉を聞こうとする意欲や態度を育て，言葉に対する感覚や言葉で表現する力を養う。〕
1　ねらい
　（1）自分の気持ちを言葉で表現する楽しさを味わう。
　（2）人の言葉や話などをよく聞き，自分の経験したことや考えたことを話し，伝え合う喜びを味わう。
　（3）日常生活に必要な言葉が分かるようになるとともに，絵本や物語などに親しみ，言葉に対する感覚を豊かにし，先生や友達と心を通わせる。
2　内容
　（4）人の話を注意して聞き，相手に分かるように話す。
　（5）生活の中で必要な言葉が分かり，使う。
　（6）親しみをもって日常の挨拶をする。
　（7）生活の中で言葉の楽しさや美しさに気付く。
　（8）いろいろな体験を通じてイメージや言葉を豊かにする。
　（9）絵本や物語などに親しみ，興味をもって聞き，想像する楽しさを味わう。
　（10）日常生活の中で，文字などで伝える楽しさを味わう。

　「ねらい」と「内容」において、言語活動としては、話すことと聞くことが中心であり、周囲の人とのコミュニケーションが大切だということ、また、言葉を広げていくために、さまざまな体験が不可欠であるということが述べられています。

3　内容の取扱い
　上記の取扱いに当たっては，次の事項に留意する必要がある。
　（1）言葉は，身近な人に親しみをもって接し，自分の感情や意思などを伝え，それに相手が応答し，その言葉を聞くことを通じて次第に獲得されていくものであることを考慮して，幼児が教師や他の幼児と関わることにより心を動かされるような体験をし，言葉を交わす喜びを味わえるようにすること。

　「内容の取扱い」の（1）では、言葉の獲得において、「教師や他の幼児と関わることにより心を動かされるような体験をし、言葉を交わす喜びを味わえるようにする」とあるように、豊かな体験をさせることの重要性が書かれています。この「体験」では、言葉が互いの意思疎通のために重要なツールであること、このツールを使うことで、豊かなコミュニケーションが生まれるということを感じさせたいものです。音声言語にせよ文字言語にせよ、言葉が記号であることは、「1－3．言語と言語活動」に書いていますので、確認してください。

（2）幼児が自分の思いを言葉で伝えるとともに，教師や他の幼児などの話を興味をもって注意して聞くことを通して次第に話を理解するようになっていき，言葉による伝え合いができるようにすること。

（2）では、具体的な音声として言葉を聞きとること、自らも聞いた音声をまねることで、正しく発声する方法を身につけていくことに配慮します。聴覚器が耳に届くさまざまな音の中から、言語を識別していくためには、教師も明瞭に発声することが求められますね。

（3）絵本や物語などで，その内容と自分の経験とを結び付けたり，想像を巡らせたりするなど，楽しみを十分に味わうことによって，次第に豊かなイメージをもち，言葉に対する感覚が養われるようにすること。

（3）絵本や物語の言葉は、日常生活で使用するのとはまた異なる言葉に触れられる機会です。しかも、その言葉が使われる文脈を、自分の生活経験の中で確認することで、言葉の持つ意味の理解を確かなものにしていきます。言葉のイメージとは、その語の意味を概念的に把握していくことです。言語場、つまり、実際にその言語を体験しながら用いている現場から離れて、その言語の意味を理解できるようになる力は重要です。

（4）幼児が生活の中で，言葉の響きやリズム，新しい言葉や表現などに触れ，これらを使う楽しさを味わえるようにすること。その際，絵本や物語に親しんだり，言葉遊びなどをしたりすることを通じて，言葉が豊かになるようにすること。

（4）言葉を豊かにするとは、幼児の言葉の数、すなわち語彙を広げるとともに、文の表現方法の幅を広げることです。そのためには、楽しみながらさまざまな言葉や表現に触れられる機会が与えられなければなりません。絵本、物語、言葉遊びなどを通して行うということですが、単に、読んだり遊んだりということでは不十分でしょう。幼児が語彙を広げ、文の表現の幅を広げていけるようにするために、教師自身が豊かな表現力を身につけ、積極的な働きかけを行うことが重要です。

（5）幼児が日常生活の中で，文字などを使いながら思ったことや考えたことを伝える喜びや楽しさを味わい，文字に対する興味や関心をもつようにすること。

（5）は、文字への関心です。音声言語だけでなく、私たちが文字言語を通してコミュニケーションを取っていることに興味を持たせること、また筆記具を用いてスムーズに書くことへとつなげられる手や指、腕の運動機能を高めることに留意しなければならないでしょう。

附録2 「現代仮名遣い」

現代仮名遣い　解説

- これは，昭和61年3月16日，国語審議会会長から文部大臣に答申した「現代仮名遣い」を政府として採択し，「一般の社会生活において現代の国語を書き表すための仮名遣いのよりどころ」として同年7月1日に内閣告示第1号をもって告示したものです。

　政府は，内閣告示と同じ日に内閣訓令第1号「「現代仮名遣い」の実施について」を発し，今後，各行政機関において，「現代仮名遣い」を「現代の国語を書き表すための仮名遣いのよりどころ」とすべき旨を訓令しました。

- 「現代仮名遣い」は，主として現代文のうち口語体のものに適用する仮名遣いで，語を現代語の音韻に従って書き表すことを原則とし，表記の慣習を尊重して一定の特例を設けてあります。内容は，「前書き，本文，付表」から成っており，「本文」には，原則に基づくきまり（第1）と表記の慣習による特例（第2）を示し，「付表」には，この仮名遣いと歴史的仮名遣いとを対照させて示してあります。

- 「現代仮名遣い」の適用範囲の詳細や歴史的仮名遣いに対する考え方などについては，「現代仮名遣い」の「前書き」に書かれています。

- 平成22年11月30日の「常用漢字表」内閣告示に伴い，同日付けで一部改正が行われました。（平成22年内閣告示第4号）

現代仮名遣い　訓令，告示制定文

内閣訓令

内閣訓令第1号

各行政機関

「現代仮名遣い」の実施について

　政府は，本日，内閣告示第1号をもつて，「現代仮名遣い」を告示した。

　今後，各行政機関においては，これを現代の国語を書き表すための仮名遣いのよりどころとするものとする。

　なお，昭和21年内閣訓令第8号は廃止する。

　　昭和61年7月1日

内閣総理大臣　中曽根　康弘

内閣告示　〔原文縦書き〕

内閣告示第一号

　一般の社会生活において現代の国語を書き表すための仮名遣いのよりどころを、次のように定める。

　なお、昭和二十一年内閣告示第三十三号は、廃止する。

　昭和六十一年七月一日

内閣総理大臣　中曽根　康弘

前書き

１．この仮名遣いは，語を現代語の音韻に従つて書き表すことを原則とし，一方，表記の慣習を尊重して，一定の特例を設けるものである。

２．この仮名遣いは，法令，公用文書，新聞，雑誌，放送など，一般の社会生活において，現代の国語を書き表すための仮名遣いのよりどころを示すものである。

３．この仮名遣いは，科学，技術，芸術その他の各種専門分野や個々人の表記にまで及ぼそうとするものではない。

４．この仮名遣いは，主として現代文のうち口語体のものに適用する。原文の仮名遣いによる必要のあるもの，固有名詞などでこれによりがたいものは除く。

５．この仮名遣いは，擬声・擬態的描写や嘆声，特殊な方言音，外来語・外来音などの書き表し方を対象とするものではない。

６．この仮名遣いは，「ホオ・ホホ（頬）」「テキカク・テッカク（的確）」のような発音にゆれのある語について，その発音をどちらかに決めようとするものではない。

７．この仮名遣いは，点字，ローマ字などを用いて国語を書き表す場合のきまりとは必ずしも対応するものではない。

８．歴史的仮名遣いは，明治以降，「現代かなづかい」（昭和21年内閣告示第33号）の行われる以前には，社会一般の基準として行われていたものであり，今日においても，歴史的仮名遣いで書かれた文献などを読む機会は多い。歴史的仮名遣いが，我が国の歴史や文化に深いかかわりをもつものとして，尊重されるべきことは言うまでもない。また，この仮名遣いにも歴史的仮名遣いを受け継いでいるところがあり，この仮名遣いの理解を深める上で，歴史的仮名遣いを知ることは有用である。付表において，この仮名遣いと歴史的仮名遣いとの対照を示すのはそのためである。

本文

凡例

1．原則に基づくきまりを第1に示し，表記の慣習による特例を第2に示した。

2．例は，おおむね平仮名書きとし，適宜，括弧内に漢字を示した。常用漢字表に掲げられていない漢字及び音訓には，それぞれ＊印及び△印をつけた。

第1（原則に基づくきまり）

語を書き表すのに，現代語の音韻に従って，次の仮名を用いる。

ただし，下線を施した仮名は，第2に示す場合にだけ用いるものである。

1　直音

直音

あ	い	う	え	お		が	ぎ	ぐ	げ	ご
か	き	く	け	こ		ざ	じ	ず	ぜ	ぞ
さ	し	す	せ	そ		だ	ぢ	づ	で	ど
た	ち	つ	て	と		ば	び	ぶ	べ	ぼ
な	に	ぬ	ね	の		ぱ	ぴ	ぷ	ぺ	ぽ
は	ひ	ふ	へ	ほ						
ま	み	む	め	も						
や		ゆ		よ						
ら	り	る	れ	ろ						
わ				を						

例　あさひ（朝日）　きく（菊）　さくら（桜）　ついやす（費）　にわ（庭）　ふで（筆）　もみじ（紅葉）　ゆずる（譲）　れきし（歴史）　わかば（若葉）　えきか（液化）　せいがくか（声楽家）　さんぽ（散歩）

2　拗音

拗音

きゃ	きゅ	きょ		ぎゃ	ぎゅ	ぎょ
しゃ	しゅ	しょ		じゃ	じゅ	じょ
ちゃ	ちゅ	ちょ		ぢゃ	ぢゅ	ぢょ
にゃ	にゅ	にょ				
ひゃ	ひゅ	ひょ		びゃ	びゅ	びょ
				ぴゃ	ぴゅ	ぴょ
みゃ	みゅ	みょ				
りゃ	りゅ	りょ				

例　しゃかい（社会）　しゅくじ（祝辞）　かいじょ（解除）　りゃくが（略画）

［注意］拗音に用いる「や，ゆ，よ」は，なるべく小書きにする。

3　撥音　ん

例　まなんで（学）　みなさん　しんねん（新年）　しゅんぶん（春分）

4　促音　っ

例　はしって（走）　かっき（活気）　がっこう（学校）　せっけん（石鹸＊）

［注意］促音に用いる「つ」は，なるべく小書きにする。

5　長音

（1）　ア列の長音

　　ア列の仮名に「あ」を添える。

　　　例　おかあさん　おばあさん

（2）　イ列の長音

　　イ列の仮名に「い」を添える。

　　　例　にいさん　おじいさん

（3）　ウ列の長音

　　ウ列の仮名に「う」を添える。

　　　例　おさむうございます（寒）　くうき（空気）　ふうふ（夫婦）

　　　　　うれしゅう存じます　きゅうり　ぼくじゅう（墨汁）　ちゅうもん（注文）

（4）　エ列の長音

　　エ列の仮名に「え」を添える。

　　　例　ねえさん　ええ（応答の語）

（5）　オ列の長音

　　オ列の仮名に「う」を添える。

　　　例　おとうさん　とうだい（灯台）

　　　　　わこうど（若人）　おうむ

　　　　　かおう（買）　あそぼう（遊）　おはよう（早）

　　　　　おうぎ（扇）　ほうる（放）　とう（塔）

　　　　　よいでしょう　はっぴょう（発表）

　　　　　きょう（今日）　ちょうちょう（蝶＊々）

第2（表記の慣習による特例）

1　助詞の「を」は，「を」と書く。

　　例　本を読む　　岩をも通す　　失礼をばいたしました

　　　　やむをえない　　いわんや…をや　　よせばよいものを

　　　　てにをは

2　助詞の「は」は，「は」と書く。

　　例　今日は日曜です　　山では雪が降りました

　　　　あるいは　　または　　もしくは

　　　　いずれは　　さては　　ついては　　ではさようなら　　とはいえ

　　　　惜しむらくは　　恐らくは　　願わくは

これはこれは　　こんにちは　　こんばんは

　　　悪天候もものかは

　　　[注意] 次のようなものは，この例にあたらないものとする。

　　　　いまわの際　　すわ一大事

　　　　雨も降るわ風も吹くわ　　来るわ来るわ　　きれいだわ

3　助詞の「へ」は，「へ」と書く。

　　例　故郷へ帰る　　…さんへ　　母への便り　　駅へは数分

4　動詞の「いう（言）」は，「いう」と書く。

　　例　ものをいう（言）　　いうまでもない　　昔々あったという

　　　　どういうふうに　　人というもの　　こういうわけ

5　次のような語は，「ぢ」「づ」を用いて書く。

　（1）　同音の連呼によって生じた「ぢ」「づ」

　　例　ちぢみ（縮）　ちぢむ　ちぢれる　ちぢこまる

　　　　つづみ（鼓）　つづら　つづく（続）　つづめる（約△）　つづる（綴＊）

　　　　[注意]「いちじく」「いちじるしい」は，この例にあたらない。

　（2）　二語の連合によって生じた「ぢ」「づ」

　　例　はなぢ（鼻血）　そえぢ（添乳）　もらいぢち　そこぢから（底力）　ひぢりめん

　　　　いれぢえ（入知恵）　ちゃのみぢゃわん

　　　　まぢか（間近）　こぢんまり

　　　　ちかぢか（近々）　ちりぢり

　　　　みかづき（三日月）　たけづつ　（竹筒）　たづな（手綱）　ともづな　にいづま

　　　　（新妻）　けづめ　ひづめ　ひげづら

　　　　おこづかい（小遣）　あいそづかし　わしづかみ　こころづくし（心尽）　てづ

　　　　くり（手作）　こづつみ（小包）　ことづて　はこづめ（箱詰）　はたらきづめ

　　　　みちづれ（道連）

　　　　かたづく　こづく（小突）　どくづく　もとづく　うらづける　ゆきづまる

　　　　ねばりづよい

　　　　つねづね（常々）　つくづく　つれづれ

　なお，次のような語については，現代語の意識では一般に二語に分解しにくいもの
等として，それぞれ「じ」「ず」を用いて書くことを本則とし，「せかいぢゅう」「い
なづま」のように「ぢ」「づ」を用いて書くこともできるものとする。

　　　例　せかいじゅう（世界中）

　　　　いなずま（稲妻）　かたず（固唾）　きずな（絆＊）　さかずき（杯）　ときわず

ほおずき　みみずく

うなずく　おとずれる（訪）　かしずく　つまずく　ぬかずく　ひざまずく

あせみずく　くんずほぐれつ　さしずめ　でずっぱり　なかんずく

うでずく　くろずくめ　ひとりずつ

ゆうずう（融通）

［注意］次のような語の中の「じ」「ず」は，漢字の音読みでもともと濁っているものであって，上記（1），（2）のいずれにもあたらず，「じ」「ず」を用いて書く。

例　じめん（地面）　ぬのじ（布地）

ずが（図画）　りゃくず（略図）

6　次のような語は，オ列の仮名に「お」を添えて書く。

例　おおかみ　おおせ（仰）　おおやけ（公）　こおり（氷・郡△）　こおろぎ

ほお（頰・朴△）　ほおずき　ほのお（炎）　とお（十）

いきどおる（憤）　おおう（覆）　こおる（凍）　しおおせる　とおる（通）　とどこおる（滞）

もよおす（催）　いとおしい　おおい（多）　おおきい（大）　とおい（遠）

おおむね　おおよそ

これらは，歴史的仮名遣いでオ列の仮名に「ほ」又は「を」が続くものであって，オ列の長音として発音されるか，オ・オ，コ・オのように発音されるかにかかわらず，オ列の仮名に「お」を添えて書くものである。

付記

次のような語は，エ列の長音として発音されるか，エイ，ケイなどのように発音されるかにかかわらず，エ列の仮名に「い」を添えて書く

例　かれい　せい（背）

かせいで（稼）　まねいて（招）　春めいて

へい（塀）　めい（銘）　れい（例）

えいが（映画）　とけい（時計）　ていねい（丁寧）

附録3「送り仮名の付け方」

送り仮名の付け方　解説

・　これは，昭和47年6月28日，国語審議会会長から文部大臣に答申した「改定送り仮名の付け方」を政府として採択し，「一般の社会生活において現代の国語を書き表すための送り仮名の付け方のよりどころ」として，翌48年6月18

日に内閣告示第１号をもって告示したものです。

　　政府は，内閣告示と同じ日に内閣訓令第２号「「現代仮名遣い」の実施について」を発し，今後，各行政機関においてこれを送り仮名の付け方のよりどころとすべき旨を訓令しました。

- この「送り仮名の付け方」は，「単独の語」と「複合の語」，「活用のある語」と「活用のない語」に分けるなど，語の性質や成り立ちによって送り仮名の付け方に七つの通則を立て，各通則には「本則」のほかに必要に応じて「例外」・「許容」を設け，常用漢字表の音訓によって書き表す語を対象として約500語の語例を掲げてあるものです。
- 平成22年11月30日の「常用漢字表」内閣告示に伴い，同日付けで一部改正が行われました。（平成22年内閣告示第３号）

送り仮名の付け方　訓令，告示制定文

内閣訓令

内閣訓令第2号

各行政機関

　「送り仮名の付け方」の実施について

　さきに，政府は，昭和34年内閣告示第１号をもって「送りがなのつけ方」を告示したが，その後の実施の経験等にかんがみ，これを改定し，本日，内閣告示第２号をもって，新たに「送り仮名の付け方」を告示した。

　今後，各行政機関においては，これを送り仮名の付け方のよりどころとするものとする。　なお，昭和34年内閣訓令第１号は，廃止する。

　　　昭和48年６月18日

　　　　　　　　　　　　　　　　　内閣総理大臣　　田中　角榮

内閣告示　〔原文縦書き〕

内閣告示第二号

　一般の社会生活において現代の国語を書き表すための送り仮名の付け方のよりどころを，次のように定める。

　なお、昭和三十四年内閣告示第一号は、廃止する。

　　　昭和四十八年六月十八日

　　　　　　　　　　　　　　　　　内閣総理大臣　　田中　角榮

前書き

一　この「送り仮名の付け方」は、法令・公用文書・新聞・雑誌・放送など、一般の社会生活において、「常用漢字表」の音訓によって現代の国語を書き表す場合の送り仮名の付け方のよりどころを示すものである。

二　この「送り仮名の付け方」は、科学・技術・芸術その他の各種専門分野や個々人の表記にまで及ぼそうとするものではない。

三　この「送り仮名の付け方」は、漢字を記号的に用いたり、表に記入したりする場合や、固有名詞を書き表す場合を対象としていない。

「本文」の見方及び使い方

一　この「送り仮名の付け方」の本文の構成は，次のとおりである。

単独の語

　　１　活用のある語

　　通則１　（活用語尾を送る語に関するもの）

　　通則２　（派生・対応の関係を考慮して，活用語尾の前の部分から送る語に関するもの）

　　２　活用のない語

　　通則３　（名詞であって，送り仮名を付けない語に関するもの）

　　通則４　（活用のある語から転じた名詞であって，もとの語の送り仮名のつけかたによって送る語に関するもの）

　　通則５　（副詞・連体詞・接続詞に関するもの）

複合の語

　　通則６　（単独の語の送り仮名の付け方による語に関するもの）

　　通則７　（慣用に従って送り仮名を付けない語に関するもの）

付表の語

　　１　（送り仮名を付ける語に関するもの）

　　２　（送り仮名を付けない語に関するもの）

二　通則とは，単独の語及び複合の語の別，活用のある語及び活用のない語の別等に応じて考えた送り仮名の付け方に関する基本的な法則をいい，必要に応じ，例外的な事項又は許容的な事項を加えてある。

　　したがって，各通則には，本則のほか，必要に応じて例外及び許容を設けた。ただし，通則７は，通則６の例外に当たるものであるが，該当する語が多数に上るので，別の通則として立てたものである。

三　この「送り仮名の付け方」で用いた用語の意義は，次のとおりである。

単独の語… 漢字の音又は訓を単独に用いて，漢字一字で書き表す語をいう。

複合の語… 漢字の訓と訓，音と訓などを複合させ，漢字二字以上を用いて書き表す語をいう。

付表の語… 「常用漢字表」の付表に掲げてある語のうち，送り仮名の付け方が問題となる語をいう。

活用のある語… 動詞・形容詞・形容動詞をいう。

活用のない語… 名詞・副詞・連体詞・接続詞をいう。

本則… 送り仮名の付け方の基本的な法則と考えられるものをいう。

例外… 本則には合わないが，慣用として行われていると認められるものであって，本則によらず，これによるものをいう。

許容… 本則による形とともに，慣用として行われていると認められるものであって，本則以外に，これによってよいものをいう。

四　単独の語及び複合の語を通じて，字音を含む語は，その字音の部分には送り仮名を要しないのであるから，必要のない限り触れていない。

五　各通則において，送り仮名の付け方が許容によることのできる語については，本則又は許容のいずれに従ってもよいが，個々の語に適用するに当たって，許容に従ってよいかどうか判断し難い場合には，本則によるものとする。

注：告示文は本文を除いては，縦書きであるが，ここでは便宜上横書きにした。

単独の語

Ⅰ　活用のある語

通則１

本則

活用のある語（通則２を適用する語を除く。）は，活用語尾を送る。

　　〔例〕　憤る　承る　書く　実る　催す

　　　　　　生きる　陥れる　考える　助ける

　　　　　　荒い　潔い　賢い　濃い

　　　　　　主だ

例外

　　（１）語幹が「し」で終わる形容詞は，「し」から送る。

　　　　〔例〕　著しい　惜しい　悔しい　恋しい　珍しい

　　（２）活用語尾の前に「か」，「やか」，「らか」を含む形容動詞は，その音節から送る。

〔例〕　暖<u>か</u>だ　細<u>か</u>だ　静<u>か</u>だ

　　　　　穏<u>やか</u>だ　健<u>やか</u>だ　和<u>やか</u>だ

　　　　　明<u>らか</u>だ　平<u>らか</u>だ　滑<u>らか</u>だ　柔<u>らか</u>だ

（3）次の語は，次に示すように送る。

　　　明<u>らむ</u>　味<u>わう</u>　哀<u>れむ</u>　慈<u>しむ</u>　教<u>わる</u>　脅<u>かす</u>（おどかす）

　　　脅<u>かす</u>（おびやかす）　関<u>わる</u>　食<u>らう</u>　異<u>なる</u>　逆<u>らう</u>　捕<u>まる</u>　群<u>がる</u>

　　　和<u>らぐ</u>　揺<u>する</u>

　　　明<u>るい</u>　危<u>ない</u>　危<u>うい</u>　大<u>きい</u>　少<u>ない</u>　小<u>さい</u>　冷<u>たい</u>　平<u>たい</u>

　　　新<u>ただ</u>　同<u>じだ</u>　盛<u>んだ</u>　平<u>らだ</u>　懇<u>ろだ</u>　惨<u>めだ</u>

　　　哀<u>れだ</u>　幸<u>いだ</u>　幸<u>せだ</u>　巧<u>みだ</u>

許容

次の語は，（　　）の中に示すように，活用語尾の前の音節から送ることができる。

　　　表す（表<u>わ</u>す）　著す（著<u>わ</u>す）　現れる（現<u>わ</u>れる）　行う（行<u>な</u>う）　断る（断<u>わ</u>る）　賜る（賜<u>わ</u>る）

（注意）

語幹と活用語尾との区別がつかない動詞は，例えば，「着<u>る</u>」，「寝<u>る</u>」，「来<u>る</u>」などのように送る。

通則2

本則

活用語尾以外の部分に他の語を含む語は，含まれている語の送り仮名の付け方によって送る。（含まれている語を〔　〕の中に示す。）

〔例〕（1）動詞の活用形又はそれに準ずるものを含むもの。

　　　　　<u>動か</u>す〔動く〕　<u>照ら</u>す〔照る〕

　　　　　<u>語ら</u>う〔語る〕　<u>計ら</u>う〔計る〕　<u>向か</u>う〔向く〕

　　　　　<u>浮か</u>ぶ〔浮く〕

　　　　　<u>生ま</u>れる〔生む〕　<u>押さ</u>える〔押す〕　<u>捕ら</u>える〔捕る〕

　　　　　<u>勇ま</u>しい〔勇む〕　<u>輝か</u>しい〔輝く〕　<u>喜ば</u>しい〔喜ぶ〕

　　　　　晴れやかだ〔晴れる〕

　　　　　<u>及ぼ</u>す〔及ぶ〕　<u>積も</u>る〔積む〕　<u>聞こ</u>える〔聞く〕

　　　　　<u>頼も</u>しい〔頼む〕

　　　　　<u>起こ</u>る〔起きる〕　<u>落と</u>す〔落ちる〕

　　　　　<u>暮ら</u>す〔暮れる〕　<u>冷や</u>す〔冷える〕

当たる〔当てる〕 終わる〔終える〕 変わる〔変える〕

集まる〔集める〕 定まる〔定める〕 連なる〔連ねる〕

交わる〔交える〕

混ざる・混じる〔混ぜる〕

恐ろしい〔恐れる〕

（2）形容詞・形容動詞の語幹を含むもの。

重んずる〔重い〕 若やぐ〔若い〕

怪しむ〔怪しい〕 悲しむ〔悲しい〕 苦しがる〔苦しい〕

確かめる〔確かだ〕

重たい〔重い〕 憎らしい〔憎い〕 古めかしい〔古い〕

細かい〔細かだ〕 柔らかい〔柔らかだ〕

清らかだ〔清い〕 高らかだ〔高い〕 寂しげだ〔寂しい〕

（3）名詞を含むもの。

汗ばむ〔汗〕 先んずる〔先〕 春めく〔春〕

男らしい〔男〕 後ろめたい〔後ろ〕

許容

読み間違えるおそれのない場合は，活用語尾以外の部分について，次の（ ）の中に
示すように，送り仮名を省くことができる。

〔例〕

浮かぶ〔浮ぶ〕 生まれる〔生れる〕 押さえる〔押える〕

捕らえる〔捕える〕 晴れやかだ〔晴やかだ〕

積もる〔積る〕 聞こえる〔聞える〕

起こる〔起る〕 落とす〔落す〕 暮らす〔暮す〕 当たる〔当る〕

終わる〔終る〕 変わる〔変る〕

（注意）

次の語は，それぞれ〔 〕の中に示す語を含むものとは考えず，通則1によるものと
する。

明るい〔明ける〕 荒い〔荒れる〕 悔しい〔悔いる〕 恋しい〔恋う〕

2　活用のない語

通則3

本則

名詞（通則4を適用する語を除く。）は，送り仮名を付けない。

〔例〕　月　鳥　花　山
　　　　男　女
　　　　彼　何

例外

（1）次の語は，最後の音節を送る。

　　辺り　哀れ　勢い　幾ら　後ろ　傍ら　幸い　幸せ　全て　互い　便り　半ば
　　情け　斜め　独り　誉れ　自ら　災い

（2）数をかぞえる「つ」を含む名詞は，その「つ」を送る。

　　〔例〕　一つ　二つ　三つ　幾つ

通則4

本則

活用のある語から転じた名詞及び活用のある語に「さ」，「み」，「げ」などの接尾語が
付いて名詞になったものは，もとの語の送り仮名の付け方によって送る。

〔例〕　（1）活用のある語から転じたもの。

　　　　　　　動き　仰せ　恐れ　薫り　曇り　調べ　届け　願い　晴れ
　　　　　　　当たり　代わり　向かい
　　　　　　　狩り　答え　問い　祭り　群れ
　　　　　　　憩い　愁い　憂い　香り　極み　初め
　　　　　　　近く　遠く

　　　　（2）「さ」，「み」，「げ」などの接尾語が付いたもの。

　　　　　　　暑さ　大きさ　正しさ　確かさ
　　　　　　　明るみ　重み　憎しみ
　　　　　　　惜しげ

例外

次の語は，送り仮名を付けない。

　　謡　虞　趣　氷　印　　　頂　帯　畳
　　卸　煙　恋　志　次　隣　富　恥　話　光　舞
　　折　係　掛（かかり）　組　肥　並（なみ）　巻　割

（注意）

　　　ここに掲げた「組」は，「花の組」，「赤の組」などのように使った場合の「く
　　み」であり，例えば，「活字の組みがゆるむ。」などとして使う場合の「くみ」を
　　意味するものではない。「光」，「折」，「係」なども，同様に動詞の意識が残って
　　いるような使い方の場合は，この例外に該当しない。したがって、本則を適用し

て送り仮名を付ける。
許容
読み間違えるおそれのない場合は，次の（　）の中に示すように，送り仮名を省くことができる。
　　〔例〕
　　曇<u>り</u>（曇）　届<u>け</u>（届）　願<u>い</u>（願）　晴<u>れ</u>（晴）
　　当<u>た</u>り（当り）　代<u>わ</u>り（代り）　向<u>か</u>い　（向い）
　　狩<u>り</u>（狩）　答<u>え</u>（答）　問<u>い</u>（問）　祭<u>り</u>（祭）　群<u>れ</u>（群）
　　憩<u>い</u>（憩）

通則5

本則

副詞・連体詞・接続詞は，最後の音節を送る。
　　〔例〕　必<u>ず</u>　更<u>に</u>　少<u>し</u>　既<u>に</u>　再<u>び</u>　全<u>く</u>　最<u>も</u>
　　　　　　来<u>る</u>　去<u>る</u>
　　　　　　及<u>び</u>　且<u>つ</u>　但<u>し</u>

例外

（1）次の語は，次に示すように送る。
　　明<u>くる</u>　大<u>いに</u>　直<u>ちに</u>　並<u>びに</u>　若<u>しくは</u>

（2）次の語は，送り仮名を付けない。
　　　又

（3）次のように，他の語を含む語は，含まれている語の送り仮名の付け方によって
　　送る。（含まれている語を〔　〕の中に示す。）
　　〔例〕　<u>併せて</u>〔併せる〕　<u>至って</u>〔至る〕　<u>恐らく</u>〔恐れる〕　<u>従って</u>〔従う〕
　　　　　　<u>絶えず</u>
　　　　　　〔絶える〕　<u>例えば</u>〔例える〕　<u>努めて</u>〔努める〕
　　　　　　<u>辛うじて</u>〔辛い〕　<u>少なくとも</u>〔少ない〕
　　　　　　<u>互いに</u>〔互い〕
　　　　　　<u>必ずしも</u>〔必ず〕

　複合の語

通則6

本則

170

複合の語（通則7を適用する語を除く。）の送り仮名は，その複合の語を書き表す漢字の，それぞれの音訓を用いた単独の語の送り仮名の付け方による。

〔例〕（1）活用のある語

書き抜く　流れ込む　申し込む　　打ち合わせる　向かい合わせる
長引く　若返る　裏切る　旅立つ
聞き苦しい　薄暗い　草深い　心細い　　待ち遠しい　　軽々しい
若々しい　女々しい
気軽だ　　望み薄だ

（2）活用のない語

石橋　竹馬　山津波　　後ろ姿　斜め左　花便り　独り言　　卸商　水
煙　目印
田植え　封切り　物知り　落書き　雨上がり　　墓参り　日当たり　夜
明かし　先駆け　巣立ち　手渡し
入り江　飛び火　教え子　合わせ鏡　　生き物　落ち葉　預かり金
寒空　深情け
愚か者
行き帰り　伸び縮み　乗り降り　　抜け駆け　作り笑い　暮らし向き
売り上げ　取り扱い　乗り換え　引き換え　　歩み寄り　申し込み　移
り変わり
長生き　早起き　苦し紛れ　　大写し
　粘り強さ　有り難み　待ち遠しさ
乳飲み子　無理強い　　立ち居振る舞い　呼び出し電話
次々　常々
近々　深々
休み休み　行く行く

許容

読み間違えるおそれのない場合は，次の（　）の中に示すように，送り仮名を省くことができる。

　　〔例〕
書き抜く（書抜く）　申し込む（申込む）　打ち合わせる（打ち合せる・打合せる）
向かい合わせる（向い合せる）　聞き苦しい（聞苦しい）　待ち遠しい（待遠しい）
田植え（田植）　封切り（封切）　落書き（落書）　雨上がり（雨上り）
日当たり（日当り）　夜明かし（夜明し）

入り江（入江）　飛び火（飛火）　合わせ鏡（合せ鏡）　預かり金（預り金）

抜け駆け（抜駆け）　暮らし向き（暮し向き）　売り上げ（売上げ・売上）　取り扱い（取扱い・取扱）

乗り換え（乗換え・乗換）　引き換え（引換え・引換）　申し込み（申込み・申込）

移り変わり（移り変り）

有り難み（有難み）　待ち遠しさ（待遠しさ）

立ち居振る舞い（立ち居振舞い・立ち居振舞・立居振舞）

呼び出し電話（呼出し電話・呼出電話）

（注意）

　「こけら落とし（こけら落し）」，「さび止め」，「洗いざらし」，「打ちひも」のように前又は後ろの部分を仮名で書く場合は，他の部分については，単独の語の送り仮名の付け方による。

通則7

複合の語のうち，次のような名詞は，慣用に従って，送り仮名を付けない。

〔例〕　（1）　特定の領域の語で，慣用が固定していると認められるもの。

　　　　　ア　地位・身分・役職等の名。

　　　　　　　関取　頭取　取締役　事務取扱

　　　　　イ　工芸品の名に用いられた「織」，「染」，「塗」等。

　　　　　　　《博多》織　《型絵》染　《春慶》塗　《鎌倉》彫　《備前》焼

　　　　　ウ　その他。

　　　　　　　書留　気付　切手　消印　小包　振替　切符　踏切

　　　　　　　請負　売値　買値　仲買　歩合　両替　割引　組合　手当

　　　　　　　倉敷料　作付面積

　　　　　　　売上《高》　貸付《金》　借入《金》　繰越《金》　小売《商》

　　　　　　　積立《金》

　　　　　　　取扱《所》　取扱《注意》　取次《店》　取引《所》　乗換《駅》

　　　　　　　乗組《員》　引受《人》　引受《時刻》　引換《券》　《代金》引換

　　　　　　　振出《人》　待合《室》　見積《書》　申込《書》

　　　　（2）　一般に、慣用が固定していると認められるもの。

　　　　　奥書　木立　子守　献立　座敷　試合　字引　場合　羽織　葉巻　番組　番付

日付　水引　物置　物語　役割　屋敷　夕立　割合
合図　合間　植木　置物　織物　貸家　敷石　敷地　敷物　立場　建物　並木
巻紙
受付　受取
浮世絵　絵巻物　仕立屋

（注意）

（1）　「《博多》織」，「売上《高》」などのようにして掲げたものは，《　》の中を他
　　　の漢字で置き換えた場合にも，この通則を適用する。

（2）　通則7を適用する語は，例として挙げたものだけで尽くしてはいない。した
　　　がって，慣用が固定していると認められる限り，類推して同類の語にも及ぼす
　　　ものである。通則7を適用してよいかどうか判断し難い場合には，通則6を適
　　　用する。

付表の語

「常用漢字表」の「付表」に掲げてある語のうち，送り仮名の付け方が問題となる次
の語は次のようにする。

　1　次の語は，次に示すように送る。

　　　浮つく　お巡りさん　差し支える　立ち退く　手伝う　最寄り

　　　なお，次の語は，（　　）の中に示すように、送り仮名を省くことが出来る。

　　　差し支える（差支える）　立ち退く（立退く）

　2　次の語は送り仮名を付けない。

　　　息吹　桟敷　時雨　築山　名残　雪崩　吹雪　迷子　行方

附録4　学習用語一覧

各学年の学習に用いる語として教科書に掲げられているものを一覧にしたものです。
教科書によって、学習する学年の異なる場合もあります。

	第2学年	第3学年	第4学年	第5学年	第6学年
話すこと・聞くこと	メモ 質問 話題	司会 インタビュー	箇条書き 対比 要点 議題	敬語（尊敬語・謙譲語・丁寧語）	パネルディスカッション
読むこと（文学的な文章）	お話 題名 登場人物 あらすじ 出来事 会話文 作者 訳者	場面 会話文 地の文 語り手 中心人物 詩 連	設定 情景（情景描写） 登場人物の変化 ト書き	心情 人物像 山場 一人称	視点 随筆 朗読 ファンタジー
読むこと（説明的な文章）	説明文 題名 問い（問いの文） 順序 組み立て くらべる 筆者	段落 引用	対比 要点 要約 見出し 筋道 結果・結論 箇条書き	要旨 構成 事例 主張 根拠	分析する 伝記
書くこと		キャッチコピー	見出し 割り付け アンケート調査	意見文	推敲 序論・本論・結論
読書	題名	索引 奥付	出典	日本十進分類法	著作権
知識・技能など	音読 暗唱 画・画数 文・文章 主語・述語 送り仮名	句読点 音読み・訓読み 修飾語 こそあど言葉 偏・旁・冠・脚	熟語 ブックトーク	話し言葉・書き言葉 複合語 仮名遣い 和語・漢語・外来語	

主要参考文献

〔１〕

日本国語教育学会『国語教育総合辞典』第Ⅰ部理論編　１．国語教育の本質と構造
４．言語・言語活動（朝倉書店、2011年）

『日本語大事典　上・下』「一般言語学講義」「ソシュール」「言語」「ランガージュ」
「ラング」「パロール」（朝倉書店、2014年）

小林英夫訳『一般言語学講義』岩波書店、1972年）

丸山圭三郎『ソシュールの思想』（岩波書店、1871年）

〔２〕

日本国語教育学会『国語教育総合辞典』第Ⅰ部理論編　８．言語政策と教育（朝倉書
店、2011年）

『日本語大事典　上・下』「片仮名」「仮名」「漢音」「漢字」「漢字音」「漢字仮名交じ
り文」「漢字教育」「訓」「訓読」「呉音」「字体」「書体」「数字」「日本漢字音」「表意
文字」「表音文字」「表記」「平仮名」「変体仮名」「文字」「ローマ字」（朝倉書店、
2014年）

沖森卓也・木村義之・陳力衛・山本真吾『図解　日本の文字』（三省堂、2011年）

山田敏弘『国語教師が知っておきたい日本語音声・音声言語』（くろしお出版、2016
年改訂版）

文化庁『常用漢字表の字体・字形に関する指針　文化審議会国語分科会報告（平成28
年２月29日）』（三省堂、2017年）

全国大学書写書道教育学会『明解書写教育　増補新訂版』（萱原書房、2009年）

全国大学書写書道教育学会『国語科書写の理論と実践』（萱原書房、2020年）

〔３〕

『日本語大事典　上・下』「位相語」「外来語」「可能動詞」「感嘆詞」「感嘆文」「規範
文法」「疑問文」「敬意表現」「形容詞文」「語彙」「語構成」「語種」「上位語・下位
語」「形容詞」「形容動詞」「謙譲語」「自動詞」「修飾語」「重箱読み」「重文」「熟語」
「主語」「主述関係」「述語」「助詞」「助動詞」「自立語」「接続詞」「尊敬語」「対義
語」「待遇表現」「体言」「他動詞」「単文」「動詞」「動詞文」「独立語」「派生語」「品
詞」「複合語」「副詞」「複文」「付属語」「文」「文章」「文章論」「文節」「文の構造」
「文の種類」「文法教育」「平叙文」「並立語」「方言」「補充語」「補助用言」「名詞文」
「命令文」「湯桶読み」「用言」「類義語」「連体詞」「連体修飾語」「連用修飾語」（朝倉
書店、2014年）

池上嘉彦『意味論』（大修館書店、1975年）

池上嘉彦『NHK ブックス　意味の世界』（日本放送出版協会、1978年）

阪倉篤義『語構成の研究』（角川書店、1965年）

阪倉篤義『改稿　日本文法の話　第三版』（教育出版、1991年）

山田敏弘『国語教師が知っておきたい日本語文法』（くろしお出版、2004年）

沖森卓也・木村義之・田中牧郎・陳力衛・前田直子『図解　日本の語彙』（三省堂、2011年）

〔4〕

『日本語大事典　上・下』「修辞」「修辞法」「段落」「文章」「文章論」「要約」（朝倉書店、2014年）

森岡健二『文章構成法　文章の診断と治療』（至文堂、1976年）

山梨正明『比喩と理解』（東京大学出版会、1988年）

〔5〕

文部科学省国立教育政策研究所『「指導と評価の一体化」のための学習評価に関する参考資料　小学校国語』（東洋館出版社、2020年）

瀬川榮志編著『これだけは身につけたい　国語科基本用語』（明治図書、2007年）

日本国語教育学会『国語教育総合事典』（朝倉書店、2011年）

「全般」

沖森卓也・木村義之・陳力衛・山本真吾『図解　日本語』（三省堂、2006年）

文部科学省『小学校学習指導要領解説（平成二十九年告示）解説　国語編』（東洋館出版社、2018年）

＊「5．国語の指導」において、元千葉市立院内小学校長で、退職後、淑徳大学の非常勤講師も務められた青木勉先生より賜った資料を活用させていただきました。また、カバー装幀に用いたデザインはゼミ学生柚木スミレさんの手を煩わせました。記してお礼申し上げます。

白 井 伊 津 子（しらい　いつこ）

〔略　　歴〕
1965年　滋賀県生まれ
1988年　京都女子大学文学部卒業
1999年　筑波大学大学院博士課程文芸・言語研究科修了
　　　　博士（文学）
現　在　淑徳大学総合福祉学部教授

〔主要著作〕
『古代和歌における修辞―枕詞・序詞攷―』（塙書房，2005年）
　　　　　　　　　　　　　　　　　　　　　　　　　　ほか

初等教育における「国語」の理解と指導

2023年3月20日　初版発行

著　者　白井伊津子
発行者　前　田　博　雄
発行所　清文堂出版株式会社
　　　　〒542-0082 大阪市中央区島之内 2 - 8 - 5
　　　　電話06-6211-6265　　FAX06-6211-6492
　　　　http://www.seibundo-pb.co.jp
印刷：亜細亜印刷株式会社　製本：株式会社渋谷文泉閣
ISBN978-4-7924-1514-3　C1081
©2023　SHIRAI Itsuko　Printed in Japan